Das Geld reicht nie

Warum T-Shirts billig, Handys umsonst und Popstars reich sind

向下扎根！德國教育的公民思辨課 ── 5

是誰決定我們的薪水？
為什麼不可能人人均富？

生活就是一門經濟學

Winand von Petersdorff　文安德‧馮‧彼特爾斯多夫｜著

劉于怡｜譯

經濟學

目錄

1 什麼是經濟？ 11
Was ist Wirtschaft

4 錢永遠都不夠用 79
Das liebe Geld

5 國家是個收帳員 111
Ein Gebilde namens staat

是誰決定我們的薪水？為什麼不可能人人均富？　生活就是一門經濟學

何不從「人」出發學「經濟」！

劉政暉｜台東均一實驗高級中學社會科教師、《學校最該教什麼》作者

名稱源自嚴肅的「經世濟民」一詞的「經濟學」概念，於19世紀相繼傳入日本和中國，這個名詞，常讓人有種事不關己的國家政策、複雜的商業理念之錯覺。

「向下扎根！」系列《經濟篇》是由一位擁有經濟學碩士學位的報社主編寫給他「6個孩子」的科普經濟書籍，雖然嘗試包山包海地解釋了許多經濟學概念，但每一個例子，都是他真切觀察與聆聽孩子們的生活行為與想法後，再轉換成極具臨場感的有趣故事，一反市面上多數經濟類型叢書與教科書中先以經濟理論為底，再硬生生地「想出」一些範例來包裝這些理論的方式。

因此這本書閱讀起來不但較沒有壓力，反倒趣味盎然，有時更令人莞爾一笑。讓人看見從「人」出發的觀點，也能用具溫度的文字，讓冷冽的經濟知識變成一杯暖心的熱可可。

學習「經濟」的目的，到底為何？

台灣體制內的公民科教育裡，經濟學占了極大比例，在高中課本中甚至占了一冊之多。以高二下學期的公民科課本為例，由大學經濟學教授擔任主編，將經濟學原理教科書整本簡易化後，「整本」塞進高中課本的架構內容，雖在學測、指考壓力下，學生能將複雜的計算、枯燥的理論逐一化為升學所需的「分數」，然而在考試之後，泰半都迅速將內容統統還給教師，更甭提是否真正具備經濟學的素養能力。

在詐騙事件、黑心廠商頻傳的今日，除了與人們貪小便

宜的性格有關，但國人未能真正理解經濟學中「天下沒有白吃的午餐」的概念或許才是主因。

本書從一個女孩的煩惱切入，帶領讀者認識時間、金錢皆具有「稀少性」（scarcity）的特性，悄悄置入經濟學就在我們身邊的觀念，然後再將「機會成本」（opportunity）等重要的經濟學觀念以其他的例子帶入。而書中列舉的「為什麼麥當勞店員總是問，要加點套餐嗎？」、「簽了手機合約的那一刻，你就開始負債」、「貴了一百倍的牛仔褲」等例子，更是切中時下年輕人常掉入的經濟陷阱，以實用取代教條式的理解，十足地接地氣且引人入勝。

所以，學習經濟的目的究竟為何呢？我想，「人本身，就是一種『經濟』動物」應為其答案。畢竟在資本主義、知識經濟掛帥的今日，每個人勢必得在有限的時間與金錢下做出最正確的決定，才可能擁有燦爛、舒適的人生。

期待有朝一日，台灣的公民教材也能走出自己的一條路

本書所列舉的範例大多以歐洲人熟悉的品牌為主，內容後半更針對希臘破產、歐洲整體經濟發展的議題做討論，一步步形塑與德國學子最相關的總體經濟環境大概念，這對於未來公民的養成至關重要。

除此之外，第五章〈國家是個收帳員〉也以德國政府針對煤礦業的補貼、污染排放權、社會補償機制（如稅制與社會福利制度）做說明，並點出「乘數效果」之局限，暗中引領讀者質疑政府的財政支出政策。這種具體體現「思辨」的

方式，在我們慣以平鋪直述的教材中幾乎不曾見過。

　　從以上例子看來，這本以「經濟學」為名的書，卻早已將社會學甚至政治學以及最重要的「德國價值」帶入，讓身為教育工作者的我非常羨慕。

　　目前台灣的公民課本仍將社會學、政治學、法律及經濟學分成四個部分，在難以打破的學科框架中，再為這個學科切成四塊不相干的領域。難怪學子們的知識總是片段的，其與生活的連結如此斷裂，也就不難想像了。

　　麥田這套「向下扎根！德國教育的公民思辨課」系列，除了有助於改善國內既有知識學習的現況，更是個好機會讓我們教育工作者，從課程內容、教學方式、教學目的做全面性的反思。期待有朝一日，台灣的公民教材也能走出自己的一條路。

前言

　　本書內容將會提到小賈斯汀、萊奧・梅西（Leo Messi）、愛迪達、紅牛（Red Bull）、能多益（Nutella）、T-shirt、汽車，還有億萬富翁、可憐的窮困者、來自清寒或富裕家庭的孩子，也會提及Facebook、Google、戴姆勒（Daimle）、MP3隨身聽以及網際網路。

　　讀完這本書，你會了解是什麼驅使發明家創造出讓生活更加便利的工具，而讓創意得以發揮最大效能的企業家又是如何運用這一切，也會看到窮人致富與富人變窮的過程。

　　不僅如此，還有那些和你父親年齡相仿，因為失業而待在家裡的人。至於從政者除了用我們的錢補助學校、修築道路外，還付給自己薪水，他們是否善盡其責、符合正義，這裡也會討論。然後，我們會釐清錢到底從哪裡來，還有為什麼不是每個人都擁有一樣多的錢。

　　本書所談論的都和一種特別的感受有關。那就是你完全能夠依照自己的選擇做出決定，不論是換個新髮型、買新手機、學習新知或技能，或者單純買份報紙。這種生活方式意謂著自由。自由與金錢密切相關，而金錢又與經濟有關。

　　這個問題其實一點都不複雜：每個人都應該能夠填飽肚子、有房屋能遮風避雨，並且對生活充滿希望。而如何才能達到這個理想，既是經濟學的課題之一，也是本書討論的主題。

1

什麼是經濟？
Was ist Wirtschaft

衣櫃裡永遠都少的那一件衣服

我的女兒艾拉有一些煩惱：她每週要上一次鋼琴課、三次籃球集訓，同時她只是個學生，課餘時間除去寫作業，有時還得幫忙做家事；她也需要時間發懶、跟同學閒扯八卦、逛街買東西、找朋友出去玩等等。對了，她還想學薩克斯風、學唱歌、參加舞台劇演出、定期騎馬與游泳，還有，每天都想睡到飽。

要達成上述所有願望，艾拉除了要有雙倍時間之外，還要有更多的錢。畢竟，騎馬等活動都需要花費。或許有個司機也不錯，這樣就可以帶著艾拉趕場節省時間。人的願望常常大於能力所及，也常常大於財力所允許，這種情形，經濟學稱為「稀少性」（scarcity）。

艾拉所面臨的正是稀少性的問題。身為一個平凡女孩，和其他人一樣總有相同的煩惱，那就是時間和金錢永遠都不夠用。每個人都有「想要更多」的願望，內容則不盡相同，可能是更多時間、更多維也納炸肉排、更多可樂、更多部汽車、更健康、更多愛、更多汽油、更多清新空氣、更多假期、更多歐洲冠軍聯賽門票，或是更多巧克力。而經濟學的研究，就是要告訴我女兒以及跟她有相同煩惱的人，該如何面對與解決這個問題。

用蛋糕代替麵包？

正是因為稀少性的問題，迫使我們做出抉擇。就像艾拉若是參加籃球集訓，就無法同時進行其他活動；或者，如果她每星期都去H&M，就沒有足夠的錢買iPod。有取便要有捨，這是經濟學最重要的概念之一。

你可以想像一下，一家麵包店有50公斤麵粉和一些烘焙材料。麵包師可以用這些麵粉烤麵包或是蛋糕，而他的選擇會造成決定性的影響：選擇多烤麵包，蛋糕就會變少。反之亦然。

這就是稀少性所帶來的影響。麵粉並非可無限取用，時間也一樣，在決定選擇某項事物的同時，便代表放棄其他事物。也就是說，每一項決定都必須付出代價。經濟學家則說，所有選擇都會產生「機會成本」（opportunity cost）。成本包含的意義甚廣，不僅是金錢，而是所有因選擇失去的可能性、換算成的價值。

舉例來說，有個學生想好好準備第二天的數學考試，他必須犧牲睡眠時間，還得取消跟女友的約會。那麼睡眠時間和約會，就是準備數學考試的機會成本。如果女友因此生氣，下次約會時心情不佳，機會成本便大幅提升。

換句話說，正因為人不可能擁有一切，所以任何決定都要付出代價。生活不是扮家家酒，也不是想要什麼就能得到的童話世界，不可能毫無限度。

經濟學的3個問題

經濟學家思考經濟生活時，會從3個基本問題出發。

第一個問題是該生產什麼，要生產多少，必須提供市場多少才夠？像麵包店這類商家，經常得面臨該烤蛋糕還是麵包的抉擇。同樣地，大企業和各國政府也不斷地面對類似的問題並做出決定。好比原油該用來生產汽油還是塑膠花？鋼鐵要用來製造汽車還是刀具？城中心的地要蓋學校、銀行，還是開舞廳？

第二個問題：誰來接手生產的工作？是麵包師，還是麵包工廠？製造地要選在日本、巴西，還是柏林附近？是國營企業還是民營企業？

第三個問題：如何分配生產出來的成品？誰可以得到，又該得到多少？

這3個問題便是經濟學的核心所在。所有具稀少特性的事物都得謹慎處理，並做合理分配。

……以及3種可能的答案

從理論來說，上述問題有3種可能解答：

1. 暴力

直接用暴力強占原本不屬於自己的東西。這種情況今日仍時有所聞，像是搶奪鑽石礦場、油礦、水權或是土地所引起的戰爭。世界上的戰爭多半是覬覦更大塊的蛋糕所致。除去戰爭，搶劫銀行或加油站也是類似的行為。

2. 國家決定

由國家決定誰來種植何種作物，要拿多少麵粉做麵包以及如何分配，我們稱之為「計畫經濟」（planned economy）。這種方法聽起來頗為合理，然而根據歷史經驗，國家並沒有能力做好這件事。直至1990年，所有施行計畫經濟的東歐國家全都失敗了。失敗的原因有很多，其中之一是人們再也無法忍受總是要排很長的隊伍才能買到肉或乳酪等日常食品，顯示出國內市場供需嚴重失衡。

當時的東德（正式名稱為「德意志民主共和國」）亦面臨相同的問題。雖然二戰結束後，東西德的客觀條件未有太大差距，其後續發展卻大相逕庭。

計畫經濟意謂著一切都由中央統籌，由執政者決定人民需要什麼。只是計畫經濟往往僵硬死板，且無法隨時變通。在這種制度下，如果一個人特別勤奮，他什麼也得不到，除了可能的一面獎牌之外，並不會獲得其他實質的報酬。總的來說，這種體制不僅不獎勵勤奮，也不了解人民的需求為何。

3. 市場機制

　　想像世界就像個超級巨大的市場，買賣雙方全都聚在這裡，對著想買和想賣的東西討價還價。不管是巧克力、土地還是原油，價高者得。這樣的經濟體制不僅盛行於歐美各國，也或多或少通行於其他地區，我們稱之為「市場經濟」（market economy）。

　　每個城鎮都有市場，而市場大多有開放時間的限制，只不過經濟學家所說的「市場」定義不太一樣：無論在何處，只要有一個買家與一個賣家產生聯繫（網路亦然），都可稱為市場。對經濟學家來說，市場經濟的運作機制與傳統市場的運作並沒有不同。

　　德國施行的是市場經濟，因此解釋這個機制如何滿足人們對於物品（任何有形產品）及服務（所有拿不到實體物品但必須付錢的交易，例如上理髮廳）的需求，是本書探討的重點之一。接下來，我們將從消費者的角度出發，並從產品這一端談起。

為什麼超市的貨架塞滿了商品？

要進入經濟學的世界，可以從德國典型的超市開始說起。

生活經驗告訴我們，超市貨架上總是堆滿了形形色色的商品：30種乳酪、40種香腸、各種糖果、飲料、冷凍披薩、蔬果，以及肥皂、沐浴用品等所有日常生活所需的一切。

既然貨架上堆滿了商品，為什麼還會有稀少性的問題呢？事實上，消費者的確感受不到商品稀少的威脅，只有在特殊情況下，例如想買特定品牌或口味的冰淇淋，卻正好銷售一空時，才會感受到不足。

不過，在討論商品的稀少性之前，必須先說明一個問題：為什麼一般超市的商品種類豐富又齊全？至少在富裕的已開發國家是如此。

將貨架補齊的人通常是超市員工或是工讀生，他們這麼做是為了獲得報酬。這沒什麼疑問。但是，由誰來規畫，由誰來決定，以及貨架上為什麼會出現某種商品？

有一件事是肯定的：在市場經濟下，政府、議會、官員都不會插手超市裡該賣什麼商品。決定權握在超市老闆手中，他提供足夠的麵包、果醬及冷凍披薩。他的決定則取決於一個信念：這些商品會被買走，他可因此賺到錢。

只是超市老闆必須先花錢進貨。例如，他以1歐元的價格買進一罐果醬，再以1.69歐元售出，營業收入與營業成本之間的差額便是他的毛利（gross profit）。如果他一天賣出30罐果醬，毛利便增加20歐元左右。而超市不僅賣果醬，還有咖啡、糖果等各種商品。奧樂齊（〔Aldi〕德國廉價連鎖超市品牌）的貨架上大約有800種不同的商品，雷佛（Rewe）

和滕格爾曼（Tengelmann）超市則有3,000多種商品。

　　超市老闆若想賺錢，只有一種方法，那就是售價高於他的進貨價格。商人希望賺取利潤，而且利潤愈高愈好。然而，他不僅要花錢跟批發商或工廠進貨，還得支付員工薪水，繳水電費，購買標價機、條碼掃描器和收銀機等設備。因此，超市老闆的目標是提高果醬和其他商品的售價，盡可能獲得最多的利潤。

　　乍看之下，超市的盈利似乎很不錯。德國有很多超市，甚至每週都有新超市開張。不過，仍有超市關門停業。關於這一點稍後會再說明。

商人的利己主義

貨架上之所以塞滿了商品,和超市老闆的直覺與意願有關。確保貨源充足的目的並不在於讓顧客感到滿意,而是為了賣出更多的商品,賺更多的錢。這就是所謂的利己主義(egoism)。

經濟學家認為,人性本來就是自私的,而這種自我利益是支持市場運作的主要動力之一。商人想為自己和家人盡可能賺更多的錢,便設法尋找消費者想要的商品,不論是巧克力棒、即溶湯包、牙膏還是義大利麵,再將這些商品上架販售。簡單來說,他的利己主義讓貨架上堆滿了商品。

關於這一點,經濟學之父、蘇格蘭哲學家亞當・斯密(Adam Smith, 1723-1790)曾於名著《國富論》(〔*The Wealth of Nations*〕全名為:國民財富的性質和原因的研究〔*An Inquiry into the Nature and Causes of the Wealth of Nations*〕)中提到:「屠戶、酒肆與米鋪之所以供給我們日常飲食,並非出於善心,而是為了圖利。我們所能仰仗的,不是他們的仁慈,而是他們的私心。我們可與之談論的,不是我們的需求,而是他們的利益。」

所以,經濟學家對人性的看法頗為簡單,人們永遠會選擇對自己最有利的選項。而對商人來說,賣即溶湯包當然要比用送的有利多了。

但這並不代表經濟學家認為人類冷酷無情。因為利己不一定造成損人的後果,事實可能正好相反:商人提供即溶湯包,是因為他想賺我的錢;而我將錢給他,是因為我想要他的即溶湯包。透過交易,我們各取所需,都更為滿足。只不過,將自私視為人類行為的最大原動力,聽起來有點令人不安。況且當商人為所欲為時,誰來保護消費者呢?

需求的力量：如何馴服利己主義者？

小賈斯汀世界巡迴演唱會的場地可容納上萬人，票價約落在 50 到 80 歐元之間，這對 12 到 16 歲的年輕歌迷來說是筆不小的開支。不過，各地門票仍在短時間內被搶購一空。至少目前情況是如此。小賈斯汀演唱會的熱門程度可從拍賣網站 eBay 一窺究竟：早在開演大半年前，便有人在網上拍賣門票。而門票之所以搶手，是因為小賈斯汀無法讓所有歌迷進場，所以歌迷必須搶奪有限的門票。為了獲得更高的利潤，有些人會在演唱會現場兜售黃牛票，售價甚至是原本的兩倍。

商品的供需規則大致如下：當門票的需求大於供給時，價格就會上漲，導致需求者因無法負擔高價而退出，進而達到供需一致。

既然小賈斯汀的演唱會如此熱門，主辦單位應該可以賣得更昂貴，好賺更多的錢。他們為什麼不這麼做呢？

這樣的流行歌手就像是有經紀人的小型企業。經紀人在決定門票價格時，會考量許多因素。例如，他們會計算歌迷每個月能夠自由運用的錢有多少？而大部分的歌迷都還是拿零用錢的年紀。根據統計，德國 10 到 13 歲的青少年平均每個月零用錢約為 30 歐元，生日和聖誕節可各得約 100 歐元現金做為禮物。另外，青少年每個月的手機話費約 10 到 15 歐元，通常父母會稍作補助。

倘若演唱會的票價過於昂貴，就算是死忠歌迷也只能放棄，畢竟為了一場演唱會放棄打電話聊天，以及看電影等生活娛樂不太明智了。從這一點來看，流行歌手決定票價高低的自由度，便局限在歌迷零用錢的多寡上。

不過，小賈斯汀的經紀人也很聰明，設計出兩種不同的門票：除了50到80歐元的一般價格，還推出200歐元的貴賓票。畢竟還是有歌迷願意不惜一切傾囊而出。再者，有些歌迷家境富裕，或者經常從祖父母那裡得到額外的零用錢，因此有能力負擔高額的票價。

　　對小賈斯汀的經紀人來說，最重要的問題是：定價過高會嚇跑歌迷，定價過低則利潤太低。流行歌手和麵包師或商人一樣，都必須考慮金錢這個現實的問題。

　　很顯然地，價格和需求密切相關。需求亦即購買欲望。顧客只在經濟條件允許的情況下購買所需的商品。另一方面，商人為了能夠獲利，必須盡可能地提高價格，但也不能訂得太高以免嚇跑顧客。

　　這種機制所帶來令人安慰的結果是，身為歌迷或消費者的一般大眾在面對歌手或商人等賣家時，並非任由擺布。出於自身利益，商人必須了解並顧及消費者的購買欲望與支付意願，否則推出的商品將會乏人問津。標價過高，也會對他自己造成損害。

　　以超市為例，多年來價格皆可保持相對穩定，同一商品較幾年前價格並未有顯著提升。

　　而當有多家商店提供商品，或者不只一位歌手想獲得青少年歌迷的青睞時，這種因需求力量所發展出來的機制，運作將會更加順利。因為消費者可自行選擇哪裡能買到最便宜的商品，或者購買他們負擔得起的演場會門票。這就是競爭的原則，之後還會有更詳盡的解說。

光是想要還不夠，重點是要有錢才行

幾乎所有人都一樣，當我們在服飾店或藥妝店裡考慮是否要購買某件商品時，兩個最關鍵的問題便是：我真的想要這件商品嗎？以及我是否有能力購買？只有在以上皆為肯定答案的情況下，才會掏錢買下。

首先，必須產生想擁有的欲望，然後是考慮價格的問題。假使某些東西過於昂貴，我們便會暫時擱置一旁，等到打折時才有可能購買。但有時我們也會因為價格便宜，而買下原本不想要的東西。

經濟學家發現，產品價格昂貴與否取決於個人觀感。某些商品即使價格急遽上漲，仍無損其市場行情。就像癮君子會繼續購買香菸，糖尿病患者只要負擔得起，絕不會放棄使用胰島素。又如汽油，近年來價格雖然持續上揚，但各加油站仍不乏等待加油的車子。

消費者對價格的容忍度因人而異，經濟學家稱之為「需求的價格彈性」（price elasticity of demand）。需求價格彈性高的商品，只要價格有一點小波動，便會影響消費者的購買意願。反之，若商品缺乏需求價格彈性，則不管價格如何高漲，仍無損市場行情，就像患者不會因為藥品漲價而放棄購買一樣。

除了價格，其他因素也會影響我們的購買欲。以巧克力為例，如果我們已經吃了兩盒巧克力，第三盒就必須非常便宜又好吃，才可能引起我們的購買欲望。這種情況也代表，第一盒巧克力的價值對我們來說比起第三盒要高出許多。我們付錢購買糖果的意願和從中產生的滿足感有關。而這種滿足感是一種商品的附加價值，由我們對炸肉排、腳踏車或巧克力等商品的期望所產生。

只要有錢, 就可以買更多的東西

改變購買行為的最大因素, 便是擁有金錢的多寡。如果我們很有錢, 就能買下更多東西。就像有錢人的車庫裡通常不只一輛車, 而是三輛或四輛, 同時他們喜歡更昂貴的車種, 而不是羅馬尼亞車或韓國車。此外, 還能購買名牌服飾和昂貴的珠寶、去高消費的地方旅遊, 或是到美食餐廳吃飯, 而不是在平價超市購買熟食。

商人深諳這樣的消費模式, 因此針對不同消費能力的客群推出不同的商品:流行服飾有精品與平價品牌之分, 旅館則有奢華與平價之別。假使景氣變差導致大量人口失業, 長期來看, 昂貴商品的銷路一定會變差。不過, 短時間內或許還看不出差別, 因為人們不會驟然改變自己的生活習慣, 就算明知負擔不起, 還是一樣會出門看電影及旅遊。理由很簡單, 因為他們不想被人說閒話。

競爭的力量

前面提到，商人必須顧及消費者的意願。貨架上的商品必須是人們可能感興趣的東西，訂價時也必須考慮到人們的購買意願。此外，還有更刺激的挑戰。如果想在商業戰場上存活下來，就必須密切注意其他人的動向。因為競爭對手也同樣想賺顧客口袋裡的錢。而吸引顧客的最佳方法，就是壓低商品價格。

舉例來說，有5個專賣牛仔褲的商人，每人每週可以賣出50件牛仔褲，每件100歐元。其中一名商人希望能夠銷售更多，於是改成每件只賣40歐元，即使這麼做每件牛仔褲的利潤會減少，但他先將這點擱置一旁。面對這種價格變化，顧客會做何反應？如果商品相同，消費者自然會選擇最便宜的購買。而其他競爭對手又會如何因應？倘若價格維持不動，很可能一件都賣不出去，所以他們必須跟著調降售價。

這就是市場經濟中最重要的運作機制：競爭。為了搶奪客源，許多商人甚至不惜削價競爭。如此一來，消費者便能有更多選擇，商品也因為商人的自私而維持低價。有如奇蹟一般，無須政府插手，市場經濟機制即可維持運作。

商人的競爭對手愈多，他可以提高售價的機會也就愈少。每當他的商品賣得比別人貴，顧客在不太麻煩的情況下，就會轉往別處消費。所以他寧可維持低價。

但是，價格可以壓到多低呢？太誇張也不行。每個商人都有帳單要支付：牛仔褲是跟大盤商進貨的，加上店面租金和員工薪資，老闆的生活開銷也全仰賴生意所得。況且，還必須承擔商品滯銷的風險。

長遠來看，他必須賺取比支出更多的錢，否則就等著關門大吉。因此，牛仔褲也不能賣得太便宜，價格再低，也要有利可圖。不過，並不是毫無辦法。他可以設法減少開支，像是使用省電燈泡，要求店主降租，尋找更便宜的批發商，或者直接跟孟加拉紡織工廠進貨。這樣便能不透過中間商，以更便宜的價格吸引顧客。

　　市場不斷地變動，而且可說是瞬息萬變。十多年前，只有少數廠商敢推出色彩鮮豔的海灘拖鞋，並將其取名為人字拖（flip-flop），一雙要價50歐元。結果市場反應熱烈，其他廠商也跟著推出更便宜的商品。現在只要2歐元就能買到一雙。

　　從這個例子，我們不難看出市場的發展趨勢：某間公司推出一款價格昂貴的商品，吸引許多顧客購買。其他公司嗅到商機，便紛紛跟進，意圖以價格相對低廉的類似商品促使顧客轉換到他們那一方。而且只要還能獲利，就會不斷有廠商爭食這塊市場大餅；這也導致了供需失衡，價格大跌。或者，他們進行商品調整，讓消費者仍願意為此支付高價：例如鑲有水鑽，或採用高級皮革製成的人字拖。

競爭最極端的市場

市場競爭極端化的情況稱為「完全競爭」（perfect competition），是一種學術上的想像模式。在完全競爭市場中，顧客是國王，商人幾乎完全被動，任由消費者主導市場走向。一旦商人提高價格，便會立即失去顧客，並且出現新的競爭對手以薄利多銷的手法搶走客源。在這種極端競爭的市場裡，幾乎不允許任何商人賺取利潤，因為只要還有圖利的空間，就會有新的競爭者壓低價格，直到毫無利潤可言。

事實上，市場競爭有時的確非常激烈：好比超市賣出100歐元的商品，可能僅獲利1歐元。不過這種狀況鮮少發生，尤其是極端狀況僅存在經濟學家的想像之中。況且，價格並非顧客決定購買某種麵包或牛仔褲的唯一因素。對顧客來說，四處比價尋找最便宜的麵包得花掉許多時間與精力，因此傾向光顧自己熟悉的店家。除非麵包變貴變難吃，才會換一家店購買。價格通常不是顧客選擇店家消費的決定因素。

是誰決定我們的薪水？為什麼不可能人人均富？　生活就是一門經濟學

價格把戲：訂成9.99歐元，而不是10歐元

無論是網路費率、音樂光碟、LED手電筒，還是旅行鬧鐘，許多店家都喜歡將定價尾數標成9。為什麼不取整數呢？店家認為一張9.99歐元的音樂光碟，會比10歐元容易吸引顧客購買。他們推測，顧客對於小數點左邊的數字敏感度要比尾數來得高，這麼做較容易激發顧客的購買欲望。

不過，情況真是如此嗎？研究結果顯示，這種方法雖然有時可行，但並非通則。對某些顧客來說，尾數為9的價格確實會刺激購買欲望，對於另一些顧客，只會讓他們有種被欺騙的感覺。

美國一家郵購公司80多年前進行過一項試驗，他們印製兩份標價不同的產品型錄，測試99尾數法是否真的有利於銷售。一份產品型錄上的價格皆為整數：4美元、20美元或50美元。另一份則使用「畸零定價」（odd pricing）：3.99美元、19.99美元或49.99美元。結果出乎商家意料，兩份型錄的訂單數量一樣多。標價不管是整數或是畸零數，並未帶來任何差別。

德國經濟學家漢諾・貝克（Hanno Beck）曾提出一個有趣的說法，解釋為什麼許多商家至今仍喜歡使用畸零定價。他認為，這種標價的最大作用是讓收銀機不斷開啟，發出鈴聲，使店主安心。因為顧客結帳時幾乎都得找錢，店員必須開啟收銀機，而無法將錢沒入私人口袋。透過收銀機的鈴聲，店主就算不在旁邊，也能感到放心。

為什麼會有免費手機？

在電信門市裡不難發現有不少零元手機。這不免啟人疑竇，為什麼會有這麼好的事？任何稍具常識的人都知道，三星或Nokia生產手機不可能是為了拿來免費大放送。

仔細研究會發現，並非沒有附加條件，你必須與電信業者簽下一份為期兩年的合約，才能得到零元手機。而電信公司在合約期間所收取的資費，便足以支付費用給手機製造商。

這些電信公司都很聰明。熱門的新款手機通常所費不貲，一支功能性較佳的智慧型手機動輒3、400歐元，昂貴的價格總讓許多年輕人望之卻步。但是沒有手機就無法隨時與人聯繫，電信公司也就賺不了錢。既然手機熱銷對自己也有利，電信業者便將銷售手機的業務承攬下來。

電信公司的用戶每個月都必須支付固定的費用，雖然實際上月租費包含了購買手機的成本，但數額不像買空機那樣驚人，對顧客來說較無心理負擔。此外，電信業者也推出各式吃到飽方案吸客。許多消費者認為，這種單一費率是相當划算的計價方式。

不過，真相又是如何呢？通常人們得因此付出更多的錢，而這類合約總會有例外規則。有可能吃到飽專案不含簡訊，得另外收費，或是你的親友換了電信公司，造成月結帳單超出原來的兩倍之多。

或許我們應該牢牢記住，不管是手機或是智慧型手機，總是比預期的還要昂貴。

套餐優惠價的陷阱：為什麼店員總是問，要加點套餐嗎？

速食店提供的套餐價格通常會比單點漢堡、薯條和飲料加起來便宜15%左右。乍看好像很划算，但這類優惠價格常誘使顧客買下原本不想買的東西。

我是怎麼知道的？否則麥當勞就不會推出套餐優惠，店員也不會在顧客只點了一個漢堡時，追問「要不要加點套餐？」如同麥當勞，微軟也有相同的做法。

微軟推出一個叫做Office的套裝軟體：不僅可用來進行文書處理，還能做簡報、處理複雜的數學運算等等。消費者若是個別購買這些軟體，就得支付更多費用。

套裝的價格自然比較便宜，只是裡頭的某些軟體，許多消費者（包括我自己）大概永遠也用不到。就像我從未開啟過試算表，卻花錢買下它。消費者容易受到折扣吸引，買下一些不需要的東西。

印表機墨水匣裡的詭計

商人誘使消費者花錢的手法還有很多，噴墨印表機便是其中之一。許多印表機本身價格便宜，但卻使用價格昂貴的特殊墨水，而且消費者只能向原廠購買型號對應的墨水匣補充。通常，墨水匣的成本計算下來幾乎等同於一台印表機，長期來看，生產印表機的公司實際上並非靠機器賺錢，而是墨水匣及墨水。

不過由於競爭機制，市場上也出現專賣印表機墨水的公司，以低價提供顧客填充墨水匣的服務；這使生產印表機的公司大受威脅。然而，這種廉價墨水自然有其風險，消費者

無法得到與原廠墨水同樣的品質保證。

和印表機公司採取相同策略的還有吉列（Gillette）：同時販售刮鬍刀，以及刀片。吉列生產的刀片相當特殊，不僅不適用於其他品牌的刮鬍刀，甚至同一品牌不同型號也不相容，每種型號各自有特殊的刀片組。每組刀片的單價，通常就跟刮鬍刀一樣貴。

據說，這種機器便宜耗材昂貴的手法，源自19世紀末美國實業家洛克菲勒（John D. Rockefeller）。他在德州開採出大量石油之際，汽車尚未發明，石油主要用於油燈照明上。為了拓展銷路，洛克菲勒想出送給中國百萬盞油燈的點子。表面看來，這是一項賠錢的慈善之舉，但如果要讓油燈繼續發光，就必須持續向他購入石油。藉由這種方式，洛克菲勒賺進大把鈔票，成了全美首富。

販售印表機、刮鬍刀和手機的業者都有一個共同的想法，那就是吸引顧客不斷地購買他們的商品。這種情況有點像消費者進了迪士尼樂園，雖然買了門票，但想搭最酷炫好玩的雲霄飛車時，還得額外付費一樣。

歡樂時光

不少酒吧會在晚間7點到8點祭出雞尾酒半價優惠，英文稱作Happy Hour，意即歡樂時光。

店家推出這種優惠，無非希望藉此吸引顧客在冷門時段上門消費。運氣好的話，客人還會在優惠時段結束後留下來，點杯恢復原價的雞尾酒繼續消費。同時，酒吧也因此保持人氣，熱鬧忙碌的氣氛總是容易吸引其他顧客上門。而即

使半價優惠無法完全支應該時段的營業成本，但至少不無小補，可抵銷部分的營業開支，像是店面租金這類不管有無客人上門都得支付的成本。

這種優惠時段的銷售手法，不僅餐飲業經常使用，有些博物館也會推出減價時段，甚至許多城市的大眾捷運系統也會在離峰時段提供優惠票價，吸引乘客使用。

反其道而行的高價銷售法

銷售手法的奇招之一，便是將產品定位成高價商品。就像某些化妝品的售價是其他同類產品的10倍之多，但卻也因此受到顧客青睞，認為其品質極佳。實際上，顧客可能並不清楚保養品的成分為何，因為他們不是化學專家，看不懂包裝上的相關標示。那麼顧客如何確保這些產品值得花大錢購買呢？行銷策略專家赫曼・西蒙（Hermann Simon）教授發現，顧客挑選保養品的兩個重要標準：一是包裝，二是價錢。包裝不能看起來廉價，價錢不可便宜。因為價格便宜容易被認定是劣質商品。

西蒙教授以德國專門製造小家電的品牌克魯伯（Krup）於80年代的遭遇為例。當時該公司推出一款新型的電動刮鬍刀，售價僅25馬克，而競爭對手百靈（Braun）的電動刮鬍刀卻要價75馬克。一開始，沒有消費者相信克魯伯有能力製造一支品質優良、只要25馬克的電動刮鬍刀。最後，克魯伯把售價提高成原來的兩倍，才開始受到消費者青睞。

讓市場機制發揮作用的一些要素

資訊

了解商品標價中所暗藏的各種銷售玄機後，你或許會對消費者的自主性產生懷疑。但消費者並不總是處於被動，面對商品的價格陷阱，可以透過兩種方式主動出擊：購物前的資訊蒐集，以及購物後的申訴抱怨。

早期，蒐集購物資訊的方式不外乎是比較廣告傳單，透過電話或是親自到店面比價。現在則是在網路上搜尋產品的價格，或是造訪製造商及經銷商的網頁查價。如此一來，就算不想透過網路購買，消費者仍可前往住家附近的賣場議價。

網路的便利性造成更激烈的市場競爭。商家必須和他過去從未意識到的對手競爭，網路消弭了空間距離，提供消費者更多選擇，也使得街角商店得跟遙遠的大賣場進行價格攻防戰。

由此可知，啟動市場競爭機制不僅需要多家商店提供同一類型的產品，消費者也必須有管道獲得足夠的資訊，才能造成有效競爭。

不過，網路提供的資訊往往不太可靠。在網路搜尋產品時，無論是套裝行程、餐廳訂位或是買書，常有評價供消費者參考。這種設計立意良善，但許多評價及留言內容其實是假造的。例如，作者動員親友在亞馬遜網路書店留下好評，或是旅行社將簽約的糟糕旅店描繪成人間天堂。甚至有些職業寫手專為產品撰寫評價，以吸引買家。所以，消費者千萬記得對一面倒的好評保持懷疑態度。

信任

　　資訊很重要，但光有資訊也沒用。例如，有人想買部二手車，在瀏覽各式資訊後心生疑慮，畢竟單憑外觀無從得知車況到底如何，還能夠使用多久？而賣家理當了解車子的狀況，但常為了賣個好價錢隱瞞不說。最後生意無法成交，因為買家懷疑車子可能有什麼毛病。

　　做不成生意的原因有兩個：賣家掌握的資訊比買家多太多，以及買家無法信任賣家。或許有人會說，不過是車子賣不出去罷了。但這種情況還是頗令人遺憾。一部仍可代步幾年的車找不到合適的車主，就像丟掉一台功能尚佳的黑膠唱機一樣，令人心疼。

　　該如何解決這個問題呢？或許買家可以請技師代為仔細檢查相中的二手車是否有問題。雖然必須花錢，但買家可以安心。賣家也可以委託專業的檢測機構開出評估單。如果顧客信任檢測機構，則可能促使生意成交，否則一切照舊，交易告吹。

　　至於業者要如何獲得消費者的信任？要取得消費者信任，就必須誠實。以銀行為例，銀行家的形象至關重要，因為客戶只會在自己信任的銀行開立帳戶。一旦經營者有掏空銀行的疑慮，銀行將立即陷入擠兌倒閉的危機。

　　那麼，銀行家要如何獲得消費者的信任？例如，將銀行設在造價昂貴的大樓裡，較不容易給人一夜之間捲款潛逃的印象。和其他行業相比，銀行從業人員也有更嚴格的服裝規定：男性必須西裝領帶，女性則是著套裝。銀行負責人則通

常是獅子會或扶輪社的成員，這類國際性組織相當嚴格，新會員必須獲得其他會員的同意，方能入會。

　　贏得消費者信任的方法還有許多，請明星代言便是其中之一。雖然所費不貲，但對業者來說是值得的：明星使用的產品對一般人總有不可言喻的吸引力。業者相信從長遠來看，鉅額的代言費用一定可以從銷售回收。相對地，對明星來說個人聲譽相當重要，不會輕易冒險代言有疑慮的產品。

　　知名演員曼夫雷德‧克魯格（Manfred Krug）曾為德國電信（Deutsche Telekom）拍攝廣告促銷股票。克魯格在德國長壽影集《犯罪現場》（Tatort）中飾演警探，良好形象深植人心。然股票上市後不久，德國電信頻頻爆發醜聞，致使股價大跌，不僅德國電信，連克魯克都成了眾矢之的。不少股民宣稱，他們因為克魯克誠實正派的形象而購入德國電信股票。為此，克魯克還公開向大眾道歉。

　　無論如何，誠實的態度及應變有道是贏得信任的不二法門。好名聲跟壞名譽一樣，都很容易被傳開。

誰來懲罰壞顧客？

每一個業者都必須確保向他們購買產品的客戶都會支付費用。若缺乏這份保證，冒險做生意是非常不明智的事。

在完善的法令規範下，有一套法律程序會制裁未履約的客戶。首先，業者會發送一封友善的繳款提醒，然後才是催繳通知。若客戶置之不理，則由執達員介入強制執行。按照德國法律規定，執達員將前往拜訪債務人要求履約，若沒錢償還債務，則會拍賣債務人財產如電視、音響等，再將所得款項交給債權人。

任何業者都需要得到公平對待，才能放心地進行交易。而公平對待意謂著法律之前，人人平等——無論是企業經營者，還是小攤商。

維持公平的主要機構除了法院之外，地政機關也負有重要的責任。各級地政機關都存有土地及房屋所有權人的詳細資料，確保不會發生遭到他人宣稱自己才是房屋所有者的荒謬情事。

重要的是，誰是所有權人？

一件物品會受到什麼樣的待遇，取決於誰是擁有者，不管物件大小都一樣。在經濟活動中，確認所有權是一件相當重要的事。舉例來說，圖書館裡的書通常比私人藏書容易破損（至於男生的課本為什麼總是看起來比女生的破爛仍是個謎）。或者，比起租屋的房客，房東總是更在意屋況的維持。當地下室潮濕或者牆壁斑駁時，房客只要還能忍受就會繼續住下去，畢竟房屋不是他的，倘若情況變糟，只要搬家就行了。

對房東來說，事情就沒這麼簡單了。雖然他可以把房子賣掉，但屋況不佳也賣不到好價錢。

企業主很少休假，因為他必須掌控所有工作流程、監督產品品質，並設法獲取最大利潤。而獲利關鍵則是買家和顧客的滿意度。相較之下，一般雇員分不到公司利潤，爭取升遷或更多的休假才是最值得關心的事，客戶滿意與否並非要事。

不少公務員也有同樣的心態。在德國，市政府的民眾服務時間可能還不到超市營業時間的一半。不管民眾前來是為了申辦身分證或是諮詢，市政府職員沒有人會因為更多的業務而得到好處。相反地，更多民眾只代表更多工作量，而且不可能因此加薪。但如果每位訪客都得付給辦事員一兩歐元的費用，並且允許做為個人收入，市政府的服務時間或許會變得跟奧樂齊超市營業時間一樣長了。

在這裡，某種程度我們又回到商人的利己主義上。因此產權問題不僅和誰是所有者有關，還包括誰能保有收益。

想像一下，你準備在週末前往柏林度假。你慷慨有錢的父母說：「親愛的孩子，你可以用這張信用卡到喜歡的餐廳用餐，入住想住的飯店，選擇搭飛機或是坐火車到柏林。」你會怎麼做呢？當然是搭飛機，住五星級飯店，在米其林餐廳用餐。相反地，假設你的父母不僅富有，還相當聰明。他們會說：「親愛的孩子，這是給你在柏林度週末的300歐元。若有剩餘，你可以留下來。」你會怎麼做呢？你可能會選擇跟朋友一起搭火車，到親友家過夜，以及吃麥當勞。無論如何，後者的旅費一定會節省許多。

如果市場無法正常運作

比爾‧蓋茲是世界頂級富豪之一。為了讓個人電腦更方便使用，他和同事編寫出一套名為 Windows 的程式。今日最新版本為 Windows 10，幾乎每台新款個人電腦都預裝了這套作業系統。多年來，微軟公司可說是沒有競爭對手，因此獲利甚鉅。在這種情況下，企業容易獨大並造成市場獨占，也稱作壟斷（monopoly）。在傳統經濟中，真正獨占的情況並不常見，通常只是例外。例如，德國北海小島與大陸之間僅有一條航線，所有來往旅客都必須透過這家船運公司。德國鐵路（Deutsche Bahn AG）壟斷德國境內大部分的鐵路路線，德國郵政（Deutschen Post）也曾長期壟斷郵件遞送業務。

對企業來說，壟斷是件好事。在沒有競爭對手的情況下，獲利自然豐碩。因此所有企業主都想獨占市場鰲頭，付出大筆代價也在所不惜。雖然市場競爭帶給企業主不少挑戰樂趣，但他們主要還是想打擊對手。一旦企業茁壯至某種程度，競爭便不再有趣，輕鬆獲利比較重要。

網路改變了世界，也改變了市場結構。壟斷型企業不再罕見，常見的就有 Facebook、Google、PayPal 及 Amazon。全世界有多達 20 億的人口使用 Facebook，如果你想尋人，使用社群網路是個不錯方法。而 Facebook 這樣的企業正是透過網路效應獲利：使用者愈多，對非使用者就更具吸引力。Facebook 利用廣告投放以及分析使用者行為營利，然而，有不少使用者對於個人訊息揭露感到不滿，隱私權倡導者也不時介入此事，希望防止個資在用戶不知情的情況下遭到第三方蒐集。

是誰決定我們的薪水？為什麼不可能人人均富？ 生活就是一門經濟學

企業如何讓自己沒有競爭對手？

當企業在市場上沒有競爭對手，便是壟斷者。由於壟斷能為企業帶來極大的利益，因此每個企業都想成為壟斷者。成為壟斷者的方法有4種，其中兩種是被允許的：

1. 開發出獨一無二且深受消費者青睞的產品，並使消費者無法想像能從競爭者那裡買到類似的產品。就像可口可樂長期獨占市場鰲頭，無論是百事可樂或德國當地可樂品牌Afri或River，都無法造成威脅。可口可樂公司還特別為產品營造出神祕色彩，宣稱配方鎖在美國亞特蘭大公司總部保險箱中，只有老闆知道配方內容。不過，現在飲料市場結構已經有所改變，不僅百事可樂有不少擁護者，飲料也更加多樣化，如紅牛便成功打進市場，占有一席之地。

2. 在政府機構的許可下成為壟斷者。過去，只有德國郵政能遞送郵件，只有德國電信可以鋪設電纜。但價格必須經過政府核准。

另一個特例是產品獲得專利保護。假設某間公司或研究機構研發出新型燈泡，便能申請專利。這代表其他公司若未經發明者授權，不得任意生產該項產品。而發明者也可藉由授權獲取利益。

例如，所有製造MP3播放器的公司都必須付費給德國一間研究機構，因為MP3技術是由該機構的研究員所研發完成。不過專利保護並非永久，通常具有時效性。發明者可在期限內免除競爭對手，自然是一件利多的好事。而這種保護是否正確，則有不少爭議。

3. 卡特爾（cartel），或稱聯合壟斷，也是消滅競爭對手的

方法之一。以德國專賣汽油的公司為例。據統計，有90%的駕駛人在四大連鎖加油站加油。假設這四大連鎖加油站的老闆厭倦了相互競爭，決定聯合起來制定一個統一價格，並且約定不得各別推出低價。那麼，從此所有駕駛人只能接受高價汽油，別無選擇。住在邊境還能到鄰近國家加油的人除外。

這是一種違法行為，稱作價格操縱或價格壟斷（price fixing），形成所謂的價格卡特爾（price cartel）。石油公司共同操控價格的違法行為並非不曾發生，30年多前，德國各石油公司便涉嫌聯合壟斷油品市場。即使在今日，這種違法行為仍時有耳聞。

歐洲近年來因違法操縱價格而遭鉅額罰鍰的，便有歐洲啤酒製造商、水泥製造廠、製藥廠及電子產品製造商。價格操縱是業者以非正當方式從消費者身上謀取重利，雖然方式看起來較為文明，但仍是一種偷竊行為。

4. 企業透過買下競爭對手的方式成為壟斷者。不過，這種方式在目前幾乎不可行。在德國，當某家企業想併購競爭對手時，必須向德國聯邦卡特爾署（Bundeskartellamt）或歐盟競爭委員會（Directorate-General for Competition of the European Commission）申請許可。一般而言，反托拉斯機關並不會允許這類合併案，以防止新公司主導市場。

反對的理由很簡單，經濟學家擔憂市場走向，且不樂見大企業操控價格，使消費者權益受損。因此制定法律，防止企業獨大，造成市場競爭消失的情況。而正因為市場競爭機制，才可能出現最好的商品。企業所承受的壓力也自然持續不歇。

休息站和超市的可樂為什麼售價不同？

一瓶超市售價0.7歐元的可樂在高速公路休息站可能要價1.8歐元。顧客很可能會抱怨這種價格太誇張了，雖然是因為口渴才買的，不過賣得比超市貴實在不公平。

　　這樣的差異真的不公平嗎？從經濟學家和企業家的角度來看未必如此。即使是完全相同的商品，在不同地方就會產生不同的意義與價值。高速公路休息站裡的可樂所滿足的顧客需求，和超市的可樂完全不同：顧客在休息站買可樂是為了能夠及時解渴；在超市買可樂，則是為了滿足之後可能口渴所需。商品不同，標價自然不同。

　　而標價愈高，代表商品愈是稀少。經濟學家認為，價格是商品稀少性的一項指標。休息站可樂所具備的稀少性特質則和時間迫切有關，在休息站消費的顧客沒有時間四處尋找便宜商品。不過，如果休息站裡有數個飲料攤商相互競爭，就會出現不同的結果。

2

企業的世界
Die Welt der Unternehmen

雜貨店也是企業？

大部分的人應該都知道麥當勞、三星、Facebook、Apple、Sony、化妝品專賣店Douglas或H&M等連鎖店，對於Aldi超市、Rossmann藥妝店、BMW也不陌生。不過，你聽過奇異（GE）、Prym或是Uwes Schlemmereck嗎？

在德國，登記有案的企業總數超過340萬間，不管是街角塞爾維亞裔新移民經營的雜貨店，還是全球雇員超過37萬人的德國傳統企業西門子（Siemens）都囊括其中。還有德國鐵路、德國郵政、C&A、漢堡王、保時捷，以及街角的理髮廳、冰淇淋店、健身房和舞廳，甚至某些學校或大學，都可以算是企業。

企業最簡單的定義，就是以販售方式企圖獲利的組織。而企業的主要任務，則是提供可以滿足顧客的產品或服務。這也是企業在市場經濟中所扮演的角色。

為了滿足顧客的需求，企業必須將看似無用之物轉變成可用之器。比方說，將鋼鐵變成汽車、將廢棄的空屋變成舞廳、絞肉變成漢堡，或是將人力轉變成服務資源，遞送郵件就是服務業之一，餐廳服務或是開班教學亦然。

不想自己揉麵團，所以我們需要企業

在進入企業的世界之前，你必須先了解一個問題：世界上這麼多企業，為什麼不是多餘的？這個看似簡單的問題其實值得深思。實際上，我們可以買麵包，但也可以自己烤麵包。想吃麵包，並不需要企業的存在。同樣地，我們也可以親自將信件送達對方手中。

從前，人們自己烤麵包、自己殺雞宰牛、自己釀酒、自己蓋房子，而麵包師、肉鋪或酒莊老闆和營造工人也比較不容易賺到錢。不過，今日情況大不相同，這也代表麵包店、肉鋪或是酒莊的存在對大多數人來說，是一件很方便的事。就像麵包店烤麵包既快又便宜，因為店裡有專業的大型機器，況且熟能生巧，對經驗豐富的麵包師來說，這只是例行工作。

因為有這些專業人士，大家可以省下烤麵包的時間。更何況我們使用的許多產品，像是汽車、個人電腦或iPod，根本無法自行製造。

今日社會結構是行業分工，就像我受雇於製作及販售報紙的企業，負責撰寫報導文章，而我的木匠朋友則擁有一間工坊。當他想看報紙時，可以選擇購買我工作的報社或是其他報社發行的報紙。當我需要書架時，可以找他訂做，或者到家具店購買。幸好有行業分工，否則若要我自製書架，成品可能就像我的木匠朋友寫的文章一樣，既彆扭又難看。

忙著烤麵包的心臟科醫生

在沒有專業分工的世界裡，一名心臟醫生每天一早起床，就要先到庭院採摘蘋果，接著餵食圈養的豬雞牛。除了自己烤麵包之外，他還要砍柴、做奶油、親手縫製醫生袍和手術服。抵達醫院之後，還得先處理業務信函及接聽電話，很難說何時才有時間進手術房為病人開刀。

和其他人相比，這名醫生最拿手的事情是心臟手術。或許他也很會烤麵包，不過會烤麵包的人很多，能夠執行心臟手術的人卻很少。因此，如果這名醫生能專心在治療病患上，對所有人都是一件好事。最理想的情況是，他不必親手製作食物，花錢購買就好。

如果能有清潔人員協助清潔善後，有祕書處理所有文書、過濾來電，這名醫生一天或許能為10位患者開刀，而不只是3位而已。醫生可以挽救更多的生命，業務處理也更為迅速，畢竟祕書比醫生熟稔如何撰寫業務信函，就像清潔人員知道更多的清潔妙方。總之，專業分工的結果只會更好。

是誰決定我們的薪水？為什麼不可能人人均富？ 生活就是一門經濟學

生產什麼才會賣？

無論公司規模大小、傳統或是新創，都必須要能贏得顧客芳心。也就是說，唯有賣出更多東西，才能在市場上占有一席之地，繼續生存下去。不過，這個規則僅適用於實行市場經濟的地區。在德東地區還稱作德意志民主共和國，並且是個社會主義國家的時代，那裡只有計畫經濟。所有像是企業該生產什麼或是生產多少的問題，一律交由中央決定，沒有市場競爭這回事。

在市場經濟中，企業該開發以及提供市場何種商品，企業經理通常握有決定權。決定依據則依照經理人的經驗，推斷市場可能需要的產品。而產品能否熱銷是最重要的考量因素。企業經理追求的目標只有一個，即是獲利，使收入大於成本。為了達成這個目標，企業必須推出消費者可能購買的商品。也就是說，消費者的欲望間接決定了企業生產製造何種產品。

不過，事情並非總是得償所願。企業經理有可能錯估消費者心理，或錯判市場競爭態勢。事實上，消費者不難發現超市裡口味推陳出新的巧克力、新配方洗衣粉及保養品，常囤積在貨架上乏人問津。根據統計資料顯示，市場上的新產品有五分之四因無人購買而遭到淘汰。

預測市場走向、做出決定，是企業所必須面對的風險。假設有位企業經理預測大圓耳環將成為時尚潮流，決定生產這項產品。而當產品仍在生產線上製作，市場卻開始流行起碎鑽耳環時，就必須當機立斷，提出應變措施。一家優秀的企業，通常能夠洞悉消費者的需求。

有時，企業甚至要能預知消費者自身都未察覺的需求。20年前，德國一家廠商曾設計一款形狀如墨水印漬、手掌般大小的車身貼紙。這款造型奇特的車身貼紙推出後廣受消費者歡迎，數萬張貼紙銷售一空。

　　在這款貼紙上市前，若要消費者寫下他的欲購清單，可能很少人會將墨水印漬形狀的車身貼紙列入其中。然而，這一點都不妨礙消費者對這款貼紙的熱愛，一上市每個人都想擁有它。

　　優秀的企業必須要有靈敏的嗅覺，知道市場走向為何。就像沒人能想到，卡在臀上的超低垮褲會如此受到青少年的喜愛，但仍有廠商大膽推出，並因此獲得厚利。

不生產商品也可以是企業？

有許多企業並不生產任何物品，只是買進賣出。就像H&M、IKEA、Aldi或Kaufhof百貨公司之類的企業，就不生產產品。他們是經銷商，更準確來說，是零售商，主要將產品賣給像我們這樣的消費者。還有所謂的批發商，專門將產品賣給公司行號或零售商，而非一般消費者。

像H&M、Aldi和Douglas這類零售商，會向不同製造商或經銷商買進貨物，再整理陳列於店面架上，吸引顧客購買。這類商家提供消費者便利的購物管道，或者說，至少讓購物變得更加有趣。

有了經銷商，消費者不必為了買件T-Shirt跑到專門的成衣廠，或到製鞋廠買拖鞋，再為了一件褲子前往特定的工廠，這些產品全都陳列在同一家店裡，消費者馬上能找到需要的東西。而經銷商最大的挑戰，則是設法在琳瑯滿目的物品中，挑選出最能吸引顧客購買的特色商品。不過，網路科技的發達也改變了這個情況。如今無須透過經銷商，每個人都能透過網路直接跟製造商購買產品。

不少企業本身也生產產品，只是可能並非所有元件都自己製造。好比汽車製造商必須購入輪胎、鋼板、數位儀表板、車燈等零件，再組裝成汽車。無論是汽車製造商、麵包工廠、鋼鐵工廠或是印表機製造商，都屬於生產者。

某些企業則不生產可觸摸的有形商品，而是藉由提供某種服務賺取利益。例如，保全公司指派人員到各大工廠擔任駐警維護安全，或在博物館內防止調皮的孩童破壞展品及設備。經濟學上稱之為第三級產業，即俗稱的服務業。在這類

產業中，銀行是一個極為重要的行業。關於銀行，在接下來提到貨幣時，會再做進一步解釋。

　　至於各個企業的規模相差甚大，有僅由單人組成的迷你企業，也有組織繁雜的大企業，總員工數甚至多於不少德國大城的居民人口，年營業額超過一個小國的國民年所得總額。

　　美國連鎖超市沃爾瑪（Wal-Mart），年營收約為4,000億歐元，是全球年營收最高的企業。德國大企業則有安聯集團（Allianz，金融服務機構）、德意志銀行（Deutsche Bank）、戴姆勒、西門子、意昂集團（E.on，能源公司）以及德國電信等。

能銷售才稱得上是企業

企業的主要任務是推出產品，以供消費者選擇。為了達成這項任務，企業必須如前面提到的，將無用之物轉變成有用的，好比將鋼鐵變成汽車、麵粉變成麵包，或是塑膠零件變成手機。為了成功生產產品，企業需要資金、員工、原料、空間、創意等資源，經濟學家稱之為「生產要素」（factors of production）。綜觀來看，生產要素可分成3大類：

土地：企業生產所需的天然資源。例如，建造廠房的土地、各式礦產、水、空氣、太陽能、水力等。

勞動：所有的人力資源。無論是勞力或是勞心，如創意、體力、自制力、專業技能，甚至冒險精神也屬於人力資源之一。

資本：所有生產物品所需，但未列入上述兩者之物。像是用來做蛋糕的烤箱便屬於資本之一。聯合收割機有助於快速收割穀物，因此也屬於資本的範疇。

這些生產要素就像做菜所需的食材一樣，由企業自行配置利用，以生產出有用的商品，供消費者選擇。所謂的「有用」，即消費者在衡量廠商所訂定的價格之餘，仍然認為擁有這項商品對他有利。此外，為了促成交易，這些商品必須送至消費者能觸及的範圍。

這個看似複雜的企業任務，可簡述如下：提供消費者喜歡、願意花錢購買的商品，並且掌握市場潮流，洞燭機先。

生產和銷售可說是企業的兩大任務，其中還包括廣告、運送及販賣等。而某些企業的主要任務，就只有銷售而已。

我也可以當企業家嗎？

所有企業背後都有企業家，也就是企業的負責人和擁有者，有時也是創辦者。沒有這些人，就沒有企業。

或許有人會問，為什麼有人想創立企業呢？成立企業必須承擔極高的風險，在德國，每年都有上千家企業由於財務困難而倒閉。不少人也因為風險，打消當企業家的念頭。

創立企業的理由很多，可能的答案之一是為了致富。從世界富豪排行榜可以看出，名列前位者多半是企業家或企業家的後代。

除了賺大錢之外，當然還有別的理由。好比不想受制於雇主，希望能獨立作業。奧地利經濟學家熊彼得（Joseph Schumpeter）便認為，驅使一個人創立企業，並非金錢的誘惑，而是建立一個私人王國的欲望、贏得競爭的野心，以及樂於從事創造性活動。

不少社運人士也具備熊彼得所描述的企業家特質，一般稱為社會企業家（social entrepreneur）。這些社會企業家通常並不富有，但他們樂於從事創造性活動，熱情投入開發新產品或新型態的服務，目的是為了幫助弱勢族群。不少社會企業家都擁有強大的社會影響力，像是彼得·艾根（Peter Ei-gen），他創辦國際透明組織（Transparency International），致力於打擊貪污腐敗的罪行；諾貝爾和平獎得主穆罕默德·尤努斯（Muhammad Yunus）創辦孟加拉鄉村銀行（Grameen bank），提供窮困者創業貸款，改善了許多人的生活。

2011年辭世的史蒂夫·賈伯斯（Steve Jobs），可說是世界上最知名的企業家之一。賈伯斯創立蘋果電腦，並長年擔

任執行長一職，不僅為個人電腦帶來革命性的改變，也對音樂產業、手機通訊和無線網路造成巨大的影響。他成立的皮克斯，則改變了動畫電影的世界。賈伯斯雖然位居要角，但有段時間他只領象徵性的一美元年薪；他對待員工相當嚴苛，不過全世界的人都想買他公司製造的產品。

很顯然地，企業家喜歡透過各種不同方式影響大眾的生活。像是開發手機、網路通訊，或是推出小型電動奶泡器，讓消費者隨時都能享受搭配綿密奶泡的咖啡。他們總是樂於推出新產品及創新想法，且不惜推翻舊有之物，好比今日無法持著話筒邊走邊講的家庭已少之又少。這種現象，熊彼得稱之為創造性破壞（creative destruction）。

不過，成功的發明家很少同時也是成功的企業家，就像唐老鴨動畫中的吉羅（Gyro Gearloose）和史高治叔叔（Scrooge McDuck）一樣。吉羅是鴨堡最有名的發明家，只對機械有興趣，而史高治叔叔只熱中於如何用機器影響別人，以及推銷機械產品。兩個人湊在一起，便是個優秀的企業合作團隊。

成功企業的4大原則

成功招攬顧客的方法有很多，常見的則有4種：

1. 使產品售價便宜。有些企業訂定的產品售價，往往讓
   消費者不加思索便掏錢買下。這不光是低價策略而已，
   前文提到的商品價格陷阱也包含在內。

2. 推出更好的產品。品質優良的產品很快便名聲遠播。以
   德國汽車品牌BMW或賓士為例，由於配備最先進的科
   技且車速提升極快，在世界各地皆有極佳的口碑。

3. 使產品流行。企業可藉由大眾傳媒塑造產品形象，引
   起消費者的興趣，進而刺激購買欲望。無論是牛仔褲、
   香水或MP3隨身聽，都可以採用這種方法。就像每次
   蘋果推出新型的iPhone或iPad，門市總是大排長龍，
   甚至有人漏夜等候。

4. 利用顧客追求便利的心理。就像街角的披薩外送服務，
   雖然餅皮厚又油膩，比不上正統義大利餐廳的脆薄好
   吃，但外送服務並不會因此結束。因為它可以隨時為顧
   客送上披薩，特別是對整天在外奔波，返家後不想再出
   門的人來說，是非常方便的服務。

我們手上的商品是怎麼來的？

以製菸為例：香菸可以人工捲製，也可用機器製造。機器製造的速度遠勝於人工，且成本便宜，品質也比較穩定。因為機器不會疲倦，不容易出錯。這也是為什麼今日製菸廠大多由機器代勞的緣故。

在工廠裡，產品製造通常分成好幾道工序。就像汽車製造廠，沒有人能包辦所有工序，而是有人負責組裝引擎，有人負責安裝車頂蓋或是輪胎。首先將裝配線概念實際應用在工廠並大量生產的企業家，是美國福特汽車創辦人亨利・福特（Henry Ford）。他設計讓半成型的汽車在裝配線上緩慢前進，這頭有人專門安裝方向盤，下一道則將輪胎旋緊。每個工人都只有一項任務，不斷地重複同樣的動作，熟練到就算打瞌睡也能繼續工作。

採用這種方式可以確保每道工序都有專精的工人負責，使汽車日產量大增，對企業相當有利。但對工人來說，工作變得極為單調無聊，而且容易疏忽犯錯。

無論如何，這種生產分工所帶來的優勢仍無可比擬。早在1776年，經濟學之父亞當・斯密便以製針工廠為例，說明這種現象：「一個未經訓練的工人，也許一天也製造不出一根扣針，更別說20根了。但今日製造過程已區分出許多流程，一個工人抽鐵絲，另一個拉直，第三個剪斷，第四個削尖。」據亞當・斯密的描述，18世紀的製針工廠已細分出18道工序。按照這種方式，250年前的製針廠工人平均每天可製造出4,800根扣針，而不僅區區20根。

時至今日，產品仍在裝配線上製造，只是出現愈來愈多

機械裝置取代人力。這些機械裝置不僅能進行焊接、雷射、衝壓、烤漆、螺絲旋入等工序，甚至還能做好品質控管。工人則負責注意設備運作情形，確保一切正常無誤。

　　德國與美國等富有國家的工廠皆大量引進機器，使得工人數目銳減。其中機械裝置屬於生產要素中的資本，工廠工人則屬勞動。至於這種狀況會造成什麼影響，下一章會再詳細說明。

愈大量製造，真的愈便宜嗎？

基本上，單一產品透過大量生產，成本會比小量生產來得低。此為生產的鐵則之一。一家每個月製作10萬個麵包的工廠，比起一個月只能製作2萬個的競爭對手，麵包的平均成本應該較為便宜。

造成這種現象的主因是，即使工廠不生產任何產品，還是得支付一定費用，這種費用稱為固定成本（fixed cost）。無論工廠製作的麵包數量有多少，公司都需要經理、電腦、電話、管理員和會計等。一名經理可以管理50個人，生產10萬個麵包，也可以只管理20個人，生產2萬個麵包。不管是前者或後者，他的薪水都一樣。同樣的道理，管理員或辦公室租金也不會受到麵包產量影響。房租、電話費、行政人員薪資皆屬於固定成本，如果產量愈高，每個麵包所需分擔的成本也就愈少。

不過，若是生產超過一定數量，固定成本也會相對提高。例如，工人增加，便需要增加經理人數；而經理人數增多，需要僱用其他管理人員。如此一來，企業結構就會變得複雜，還會衍生許多文件。這些都會增加成本支出，還經常收不到任何效益。

因此，經理必須精確計算出產值，以期獲得最大效益。

企業的錢從哪裡來？

在德國，大部分的企業都是獨資經營（sole proprietorship），屬於單一個人，擁有者同樣也是老闆。這種形式雖然頗為簡單，但也存在不少缺點。例如，獨資企業沒錢支付帳單時，老闆就必須拿出個人存款支付；倘若經營不善，甚至得賣掉自己的房子或車子來償還債務。也就是說，獨資者必須以個人財產保障公司的業務經營。

合夥經營（partnership）的企業形式也差不多如此。除了獨資經營外，還有所謂的無限公司（general partnership）。在無限公司裡，會有多人分攤工作及責任，這些人是公司的擁有者，也就是股東。他們必須共同承擔損失，必要時也必須拿出個人財產抵付。另外還有一種形式叫做兩合公司（limited partnership），特點是由無限責任股東與有限責任股東所組成。無限責任股東不僅出資，通常也參與經營業務，而有限責任股東僅出資，並無任何職位，公司若是倒閉，有限責任股東也只是失去投資金額，無須承擔任何責任。德國大部分的中小型企業，通常採用無限公司或兩合公司的形式。

企業的法律形式則是股份有限公司（joint-stock company），在德國又細分出有限責任公司（Gesellschaft mit beschränkter Haftung，簡稱GmbH）。不同於無限公司，有限公司的擁有者除了投入資金外，無須動用個人財產擔保公司業務經營。而取得有限公司股東資格的必要條件是出資。

或許有人會問，既然成立有限公司對個人財產損失的風險較少，為什麼還有企業維持無限公司的形式呢？主要是成立有限公司要比無限公司困難許多。除了必須受到更多的法

是誰決定我們的薪水？為什麼不可能人人均富？　生活就是一門經濟學

律規範之外，還得付出高額資金。要成立獨資經營企業，不必擁有太多資金，也沒有最低資本額的限制。但要成立有限責任公司，在德國則必須先在銀行帳戶中存入25,000歐元，做為公司設立資本額，股份有限公司則至少需要50,000歐元[1]。

　　通常股份有限公司的股東並不親自經營業務，而是聘請專業經理人擔任執行長或董事，但必須接受股東監督。股東也有權參與公司重要決策，以及盈餘如何分配，例如均分給所有股東或是保留盈餘。若決定把盈餘留在公司，經營者便能用來購入新設備、興建新廠或增聘雇員等擴大公司規模，增加市場影響力，以期將來能獲得更多的利潤。

1　譯注：在台灣，現行《公司法》已廢止「有限公司及股份有限公司最低資本額」的規定。

為什麼股票可以換錢？

依據德國法律規定，股份有限公司和有限責任公司有不少區別。但兩者最重要的差別，在於有限責任公司的股份轉讓不易，股東所簽立的合約有時會載明轉讓條件或是禁止轉讓。此外，有限責任公司的股份無法在公開市場交易。

而股份有限公司，股份就是股票（stock），只要擁有公司股票，便是公司的部分擁有者。股票交易則在特殊場所，也就是證券交易所（stock exchange）進行。所有股票都在證交所買賣，透過這個機構，每個人都可以購買他所信任的公司股票。

一般人對股份有限公司較為熟悉，因為大部分著名的企業如西門子、戴姆勒、德意志銀行等，其法律形式皆是股份有限公司。此外，不少民眾也有股票買賣的經驗。

持有股票雖然等於擁有公司的一部分，但並不代表真的了解公司營運。即使如此，股東對公司還是有一定的影響力，好比股東有權投票選出監事會。監事會除了監督公司營運是否正常，負責利潤分配之外，當公司進行重大決策時，像是進行併購案，也必須獲得監事會的同意。

股份有限公司的產生，源自創業者需要大筆資金，但不希望只向一位富豪借貸，而事事掣肘。也可能所需資金過於龐大，不可能完全由一人提供。創業者便想出一個方法：販售股份證明書，也就是股票。買下股票的人就是股東，有權擁有部分的公司及盈餘。倘若公司營運不佳，股東自然會受到波及，手中的股票貶值，且無法獲得利潤。這種因股票分得的利潤，一般稱為股息或是股利（dividend）。

成立於17世紀初的荷蘭東印度公司（Vereenigde Oostindische Compagnie，簡稱VOC），是早期的股份有限公司之一。當時，東印度公司企圖在印尼、印度、中國等地購入香料、布料及瓷器等物品，以便於荷蘭高價轉售，因此需要不少商船。由於這項計畫所需資金相當龐大且風險極高，所有銀行皆拒絕貸款。因此，創辦者便以販賣股票的方式尋找出資者籌募資金。

　　這種方法沿用至今。對企業而言，證交所即是籌措資金的場所。

知識補充包
看不見也摸不著的證券交易所

在德國，電視上經常可以看到證券交易所的新聞，除了總理的柏林辦公室之外，任何機構都比不上它的知名度。最常出現在觀眾眼前的是法蘭克福證券交易所，而它只是整個股票市場的一小部分而已。時至今日，股票交易只在電腦網路上進行。

證券交易所其實是個虛擬市場，在那裡大部分的股票交易都是匿名進行：買家不知道手上的股票是向誰買的，賣家也不清楚生意對象是誰。而股份有限公司的員工也常搞不清楚公司此刻到底屬於誰。

不過，並非所有的股份有限公司都在證券交易所掛牌，掛牌意指公司股票在證券交易所買賣。事實上，掛牌的只有少數股份有限公司。因為公司在首次公開募股（initial public offering，簡稱IPO）前，必須滿足許多條件，掛牌上市並非易事。

至於公司上市的原因，可能是公司所有人想賣掉自己的股份，或者想籌措更多的資金，也可能兩者皆是。一家公司要掛牌上市之前，必須先成為股份有限公司。而在原合夥人分得股票之後，公司通常還會釋出更多股票。

接下來，就是股市中最令人關注的問題了：一張股票值多少錢？每個參與股票交易的投資人都有不同答案。也因為每個人的估價都不同，股市交易才可能存在。股票的價值表現在它的價格上，也就是股價。由於股票買賣每分每秒都在進行，因此股價也是一日多變。當有人認為股價不可能更高，而將手中的股票釋出時，也會有人認為股價還有機會升

高，於是買進股票，這樣才可能達成交易。舉例來說，當某家公司股價為100歐元時，有人悲觀地認為該公司的股票不可能值這麼多錢，明日必定跌至90歐元，便設法賣出手上股票。同時，也有人樂觀地想，明日股票可能會漲至110歐元，便出手買進。當然，也有人只是急需現金而賣出股票，這就不在討論範圍之內。

因此，許多人同時看好某支股票而亟欲購買時，便會造成股價上揚；反之，如果有更多人想賣出手中的股票，股價就會下跌。就像一般市場所賣的商品一樣，無論是DVD播放器或是麵包，皆由商品的稀少性決定市場售價的高低。

當人們聽聞他認為對某家公司有利的消息時，也會促使他買進股票。例如，政府宣布興建新高速公路的計畫後，營建業及水泥業有機會藉此獲利，投資人便可能買進這類股票。

而股票價值的高低也和未來趨勢息息相關。有時重大風災警報一發布，保險業的股價便應聲下跌。因為災害過後，保險業者須給付多數損害，致使利潤降低。所以一家上市公司的市值，取決於未來可能的收益，聰明的股票投資者必須能夠敏銳洞察市場發展走向。而昨日之事，在股市如過往雲煙，沒人會在意。

當企業買下別的企業

企業間相互收購並非什麼新鮮事，甚至可說是家常便飯。比方說，打算退休的麵包店老闆將店鋪賣給另一家麵包店；或是某家具店想成為全國最大連鎖家具店，於是打敗一家又一家競爭對手，並將店面逐間買下。

這類買賣往往悄然無聲地進行，外界無從得知。但如果是知名企業可能被其他企業併購時，媒體便會報導，而且可能發生抗議事件，尤其是上市公司。在股票市場，無論是買家或賣家皆不必具名，買家可以悄悄收購股票，直到持有的股份超過3%時，才需表明身分。

接下來，便有可能出現反對聲浪。高聲抗議的通常會是被收購公司的高階主管。他們對外宣稱，這是惡意收購（hostile takeover）。若只聽片面之詞，會以為他們正被嗜血騎士掠奪。實際上，他們也將收購者稱作黑騎士。

所謂的收購，不過是某間公司呼籲另一間公司的股東們將手中的股票賣給他。而股東可以自行決定是否要售出股票。過程其實很單純。

那麼，為何被收購方的高階主管要出面抗議？背後可能是一種合法伎倆：他們可以透過抗議放出風聲，宣稱公司市值比對方收購的價格要高出許多。如此一來，可使價格上揚，讓股東獲得更多利益。

另一方面，這些高階主管的抗議有時的確是認真的。他們想方設法阻撓收購行動，主要是害怕失去工作。這是極可能發生的事，畢竟買方旗下也有足夠的高階主管，待成功收購後，便接手對方的業務，公司原本的人員就只能捲鋪蓋走

路了。

　　有時，公司的員工或工人也會出來抗爭，同樣是擔心遭到裁員。尤其是為了擁有公司名號而收購，並不打算接手運營的情況，員工通常得面對關廠的命運。

　　在收購公司的組織中，有一類特別的團體叫做金融投資公司（financial investors），私募股權公司（private equity firms）也列屬其中。這類收購者專門買下目標公司，進行整頓後再轉手賣出，藉此獲得厚利。

　　收購時，金融投資公司通常以向銀行高額借貸進行。比方說，某家公司市值一億歐元，他們實付2,000萬，其餘8,000萬則以貸款方式支付，然後再巧妙地將貸款轉移到購入公司名下。

　　這使得公司負債累累。有趣的是，這種情況有時反而有益：因為公司得加倍努力償還貸款，並且不能浪費任何資源。投資公司以強硬手段迫使瀕臨倒閉的公司厲行節流政策，關閉多餘的工廠，售出賠錢的子公司或是裁員。由於手段冷酷，招致不少批評。

　　此外，金融投資公司還能享有被收購方的盈餘。他們有權分配利潤，而大部分自然進到他們的口袋。被收購公司有時還得支付各式費用，如諮詢費等。一個成功的私募股權公司獲利相當迅速，這也是為什麼有人批評他們就像蝗蟲一樣，吃乾抹淨後便消失無蹤。

　　一般而言，金融投資公司會使購入公司的營運趨之穩健。他們不會輕易瓦解購入的公司，畢竟還打算轉手出售，必須設法維持公司的良好狀況。

3

勞工的世界
Die Welt des Arbeitnehmers

爸爸為什麼失業？

德國失業人口登記有案者約為300萬人。失業者可向聯邦就業服務局或居住城市政府登記並申請救濟金，救濟金額通常比一般薪資來得低。

失業問題的最大主因是企業或雇主，如國家、社團、教會及其他各式組織，僱用的員工太少。

不只是從政者，經濟學家也相當關心失業問題。而經濟學家通常會以冷靜、客觀的角度來看待事物：例如，就像iPod、牛仔褲或香水，勞動力也受市場機制控制，因此提出勞動市場（labor market）的概念。

勞動市場同樣存在著供給和需求。勞動需求來自於企業、國家或各式組織，也就是雇主。雇主尋找願意提供勞力、智力、知識、技能及時間的人，受僱者則提供雇主上述條件。

基本上，勞動市場的運作是有效的：德國的就業人口有4,100萬，只有300萬人找不到工作。但無論如何，失業都是一個社會問題。這300萬人可以工作卻找不到工作，是一件很可惜且浪費的事。政府的代價也很昂貴，必須提供救濟金，也無法向失業者收稅。最糟糕的是，長期失業的人會失去自信與快樂。

公司何時會招募員工？

要解決失業問題，就得增加工作機會。那麼，企業、政府或是其他機關團體會在何時招募員工呢？當然了，雇主只會僱用對他們而言有用的人力。例如，當企業規模擴張或產品的市場需求突然增加時，就像有段時間，許多德國公司產品銷售狀況甚佳，便招募了不少新員工。

不過，對人力的需求和企業生產的產品也有密切的關係：某些產品的生產製造可大部分交由機器完成；某些產品則主要仰賴人工作業。

上一章曾提過生產的3大要素：勞動、資本、土地。在此，土地可先略過不提。資本做為生產要素，如機械裝置等，是企業用來製造產品的設備。這些機械裝置有時會與另一個生產要素，即勞動，形成競爭關係；因為在製造過程中，有時人力可被機器取代。比方說，洗衣廠突然接到大宗生意，必須洗滌比平日更多的衣物，這對業者來說當然是件利多的好事。但如何順利完成暴增的工作量，便是一項挑戰：該增加員工（生產要素為勞動），還是添置自動整燙設備（資本），以加快工作速度呢？

想多賺錢，就必須仔細計算，找出付出最少代價的方法：僱工須支付薪資，薪資愈少，業主得到的利潤也就愈高。倘若人工便宜，便不值得花大錢購入自動整燙設備，只要多請些便宜的人手即可。如此一來，製造自動整燙設備的業者賣出產品的機會變小，僱用的人數也跟著降低。只有在人工昂貴之處，洗衣業者購入自動整燙設備才有意義。

企業考慮招聘員工時，薪資高低是一項決定性因素。對

雇主而言，僱用新員工能帶來多少收益是最主要的考量點。若在可預見的未來，總收益大於支付的薪資，這麼做才有意義。

另一個影響雇主聘用新員工的因素是「邊際報酬遞減法則」（law of diminishing marginal returns）。簡單來說，經驗法則告訴我們，每個新員工帶來的利益會隨著人數增加而遞減。例如，某個炸薯條攤位總是大排長龍時，老闆就可以多買個鍋爐，並多請個員工。這麼一來，銷售量或可增加為雙倍。

不過，若是再多請一個人，銷售量並不會跟著變成3倍。因為攤位就那麼大，3個人擠在攤位中互相掣肘，反而浪費時間。因此，老闆盤算第二個員工對生意的貢獻，將遠低於他自己和第一個員工，更別提第三個員工根本毫無用武之地。如此衡量下來，第二個員工僅可能在薪水遠低於第一個的情況下，才有機會獲得工作。

基本上，提高薪資並不會直接導致失業率升高。員工薪資多寡受其生產力的影響，也就是他在工作時間內所創造出來的商品價值。若他能創造更多的價值，自然能夠得到更多的報酬。

是誰決定我們的薪水？為什麼不可能人人均富？　生活就是一門經濟學

誰決定我們的薪水有多少？

在勞動市場中，如何決定薪資高低是個重要的核心問題。在一般市場上，如iPod、牛仔褲和香水等商品，是由供需關係決定商品的市場價格。勞動市場的情況較為特殊，許多產業下設有產業工會，工人要求加薪的意見集中由工會表達，無須個別與雇主協商，而是由工會代表談判，確定薪資數額。在德國，這種薪資談判方式適用於大部分的產業。薪資談判的結果，則發表成集體談判協議（collective bargaining agreement），通常以產業界為單位，如營建業或是電子業等，適用於全體員工。整個協商過程，政府不得出面干涉，由勞資雙方自行訂立薪資，這種做法稱為「勞資協議自主」[1]。

在協議中，勞資雙方有時可達成共識，有時則否。無法達成共識時，便可能出現罷工行動，也就是員工拒絕工作。當協調破裂時，罷工是合法的。2012年，德國曾發生空服人員大罷工事件，所有飛機停飛，造成許多遊客滯留原地，或幾經波折，才到達目的地。

工會希望藉由罷工的手段能使雇主鬆口，提出較好的建議。畢竟，雇主害怕罷工所造成的損失。有時，工會只需說動主供應環節罷工，整個產業生產即陷入停頓。比方說，如果製造鉸鏈的工廠罷工，無法繼續出貨至汽車製造廠，便會造成生產線停擺。由於罷工所帶來的後果相當嚴重，因此雇主通常會對罷工行動有所回應。

在過去幾年中，產業工會雖然聲勢依舊，但德國勞工的

---

1 譯注：德國有不少產業是藉由集體談判訂定薪資，幾乎每年一次。

薪資並未顯著提高。面對工會強硬的手段，雇主並非毫無辦法任其予取予求。倘若工會要求的薪資過高，雇主便威脅關閉德國本地工廠，轉至其他工資較便宜的國家設廠。像是工人薪資只有德國一半的東歐國家。面對這種威脅，工會多半只能簽下協議，在雇主保證不關廠不裁員的情況下，接受微幅調漲的薪資。

重要的是，薪資談判絕不能出現高於市場行情的價格。就像價格太貴的手機，容易滯銷囤積於倉庫中。勞動市場亦然。如果勞動力太昂貴，便有人無法找到工作。經濟學家認為，這可能也是造成失業問題的主因之一。

是誰決定我們的薪水？為什麼不可能人人均富？ 生活就是一門經濟學

薪資條上的祕密

雇主僱用員工的費用，並非員工每月實得的薪資而已。員工銀行帳戶裡，每月薪資所得的金額，正式名稱為薪資淨額。但對雇主而言，考慮是否招聘新員工的依據，並非薪資淨額，而是薪資總額。

在德國，國家會從員工薪資中扣除包含退休金和失業保險兩種社會保險的保險金，以及法定健康保險和長期照護保險的費用。這些金額加上薪資淨額，便是所謂的薪資總額。薪資總額中的社會保險金，在員工年老、生病、失業或成為須長期照護的病人時，可帶來一定的生活保障。保險費約一半由員工自付，另外一半則由雇主負擔。因此，對雇主來說，薪資總額較淨額要昂貴許多。

當薪資成為失業問題的主因時，不只是雇主和員工之間薪資談判的問題，國家也有部分責任，因為社會保險的繳納金額是由國家訂定的。

被解僱了該怎麼辦？

造成失業問題還有一個因素，就是雇主害怕招進員工後，不容易請他們離開。尤其是遇到不景氣、產品銷路銳減、員工無事可做時，便成了雇主一大負擔。在德國，解僱員工並非易事，《解僱保護法》可保護員工不會在一夕之間被解僱。

《解僱保護法》對員工當然是一件好事。不必擔憂毫無緣故就被裁員，對未來較有安全感，也能做較長遠的人生規畫，好比買房子、結婚、生小孩等。倘若一直受到失業的威脅，這些計畫便難以成形。

然而對雇主來說，則必須承擔不小的風險。因此許多公司寧可赴國外設廠，逃避這項規定。尤其是國際企業，有無勞工保護法的規定，便成了設廠的一大考量因素。

還有一個問題，德國雖然有超過300萬的失業人口，但同時卻有上萬職缺找不到人，這代表不僅存在著職位空缺的問題，勞動力也一樣不足。聽起來似乎相當矛盾，產業界稱之為技術人員短缺，例如德國便相當缺乏工程師和技工等專業人才。

人才短缺是因為許多失業者缺乏學歷也未受過任何技職訓練，雇主無法聘用填補職缺。另外，某些中高齡失業者不願意離開家鄉，即使別處能找到工作。

總之，失業問題相當複雜，沒有簡單的解決方式。

知識補充包
機器會搶走人類的工作機會嗎？

德國著名巧克力品牌施多威克（Stollwerck）設在柏林的工廠，生產程序全部自動化，每天可消耗70噸可可原料，製作出70萬盒巧克力。其生產線上只有少數工人負責檢查設備清潔、成品裝箱以及品質控制等工作，其他製程均交由機器完成。

今日大部分的糖果公司和施多威克的情況差不多。昔日巧克力工廠沒有這麼多機械設備，提煉可可脂、添加糖與香料、備製巧克力漿等製程多半仰賴人工。有了機械設備後，這些工序無須人力便可自動完成。乍看之下，機器的確搶走了不少工作機會。

但事實真是如此嗎？

首先，必須有專門製造這些設備的公司。而製造商在生產這些設備時，必須聘僱員工。至於巧克力工廠，必定會減少員工人數。假如購入新設備後，所需人力和從前一樣，這種投資便不具任何意義。

從總體經濟的角度來看，巧克力工廠自動化所帶來的可能影響頗令人玩味：生產自動化一段時間之後，業主可回收投資於新設備的費用，而在節省薪資支出後，他所能獲得的利潤就更高了。面對多出來的利潤，業主可以有3種處理方式：（1）購入更多的設備，以期獲得更高的利潤，也就是擴充投資；（2）將獲利花在購買珠寶首飾、名牌衣物或旅行等私人娛樂上，也就是消費；（3）將錢拿去轉投資，例如買下其他公司股票等。整體而言，無論上述哪種方式，理論上都應該會增加工作機會。

購買新設備，可為機械製造業及其經銷商帶來新的工作機會；購買珠寶首飾，也會為珠寶業製造新的工作機會；而購買股票也會有同樣的效果：公司賣出股份的所得，可能用來添購新設備。無論是擴充投資、消費或是轉投資，同樣都會帶來新的工作機會。

而且，可能不只如此。當競爭對手得知巧克力工廠因添購新設備而獲利大增時，很可能也會想效仿。雖然這會使得廠內雇員減少，但如上所述，仍可能在其他領域增加更多的工作機會。

另一種情況是：巧克力生產自動化後，成本降低。業主不立即將新增的利潤收進口袋，而是降低巧克力售價。這可能會導致兩種結果：（1）如業主所願，顧客因價格便宜而購入更多的巧克力；（2）顧客將購買巧克力所省下來的錢挪至別處消費，好比換新髮型或是買新衣服。而兩者又增加了新的工作機會：巧克力銷售量增加，公司便得僱用更多的人；理容院顧客增加，就得僱用更多的髮型設計師。

巧克力工廠的工人因新設備而失去工作是一件殘忍的事。不過從整體來看，生產成本降低卻可能在其他領域創造新的工作機會。況且，面對新科技及工廠自動化，我們還能有什麼選擇？畢竟我們不可能只靠人力，將貨物扛在肩上從南運至北，總不能因為機器會搶走人們的工作機會，便拒絕使用貨運列車吧!?

為什麼足球明星梅西賺得比我爸多？

阿根廷足球明星梅西的年薪約為4千萬歐元，是德國勞工的770倍。而德國全職員工的平均年薪約為52,000歐元。

梅西和一般員工一樣，都屬於受僱者，只是他受僱於巴塞隆納足球俱樂部（FC Barcelona）。至於梅西工作量是否比一般員工大，則難以查證：梅西每天的訓練時間約為2到3小時，每週參加一到兩場比賽，此外仍需出席足球俱樂部舉辦的公關活動。以阿根廷每週平均工時40小時來看，梅西的工作量難以超過一般員工。

但梅西的月薪卻以百萬歐元為單位計算。為什麼企業有時願意支付幾千萬歐元的年薪，有時5萬歐元，有時甚至連一毛都不願意支付？

職業足球選手並沒有薪資集體談判的機制，選手可以僱用專業人士為自己爭取高薪。而足球俱樂部及贊助企業又是如何計算球員的薪資標準？

從經濟學的角度來看，只要梅西帶給足球俱樂部的收益超過其薪資所得，便可說明他的確值得如此高薪。換句話說，只要梅西所屬球隊能靠他不凡的球技拿下歐洲冠軍聯賽冠軍，使球迷紀念品銷售量大增，俱樂部所賺進的錢就遠超過支付給梅西的薪水了。

不過，簽約時當然無法預知一切是否如願，球員也可能陷入低潮，踢不了好球。退而求其次，只好希望球迷仍會因明星買票進場觀賽，或者至少買件紀念球衣。

梅西和一般員工的最大差別是他聞名世界，並且受到各地球迷的喜愛，幾乎每個人都知道這位靈活的矮個球員。而

梅西的高知名度不只因為他神乎其技的球技，更因為媒體將比賽實況放送至全世界。每個地方都有球迷希望看到他出場比賽，想購買他的紀念球衣。這對運動用品製造商來說，也非常有利：以他命名的足球鞋便熱銷全世界，帶來數百萬歐元的利潤。

　　因此，對俱樂部及贊助企業來說，梅西確實值數百萬歐元的月薪，因為他具有世界頂尖球員的實力，能為他們帶來許多利益。至少絕對不會少於支付給梅西的薪資。

　　不過，若是梅西無法揮別低潮，踢不了好球，他的魅力就會消失殆盡。

4

錢永遠都不夠用
Das liebe Geld

我的兒子最近剛受完堅信禮[1]，親友和鄰居們紛紛送來禮物祝賀。我接受堅信禮時，收到的禮物大抵是手帕、錫杯或是現金。比起手帕或錫杯，我比較喜歡收到現金。

我兒子比我幸運，他的禮物大部分是現金。現金是很實用的禮物，受禮者可隨意支配運用，相較之下，錫杯便別無他用了。

他收到禮金後，除了買書及 DVD 外，還去了一趟理髮廳，花了 12 歐元剪髮。假如我拿著當年收到的錫杯去理髮廳，代替現金請設計師幫我理髮，你覺得會發生什麼事？

我的設計師是個非常親切且熱情的希臘人，我想她會大笑，拿起錫杯掂掂重量，考慮是否該拿它來敲我的頭。

如果沒有錢幣制度，請理髮師剪髮的報酬，便必須是她眼中等值之物。例如，我可以在打烊後留下來打掃店面。但如此一來，我就無法準時完成這本書了。況且，寫作對我來說，還是比打掃容易得多。或者，我也可以用老家農場製作的香腸代替，她可能會接受這個交易。不過，若是想要拿香腸到酒吧或超市以物易物，可能就很難成功了。

以物易物難以執行的原因有很多。如果別人擁有我想要交換的東西，只有在同時滿足兩種條件的情況下，我才可能得到它：首先是物主願意出讓；其次是物主願意接受我提出的交換方式。同時，我們雙方還必須擁有共識，認為彼此所提出的交換物確為等價。

1　譯注：堅信禮是一種宗教儀式，德國青少年通常在 14 歲時接受此禮，同時象徵成年。

舉例來說，如果有人想出讓牛仔褲，又剛好看上我的腳踏車，而我正好也想將腳踏車脫手，以上雖然滿足以物易物的初步條件，但接下來仍有其他考量。例如我可能會認為他的牛仔褲不值腳踏車的三分之一。這該怎麼辦呢？腳踏車又無法分解計價。可是，如果我拿的是現金，而不是腳踏車交換的話，上述問題就不存在了。牛仔褲的賣家也一定更喜歡拿到現金，因為現金可隨他支配，還能任意分成好幾等份使用，也沒有折舊的問題。

　　專家認為錢幣是非常實用的度量衡單位及交易媒介。在一般情況下，錢幣既不會腐爛，也不會折舊。一張皺巴巴且沾滿污漬的10元鈔票，和一張平整嶄新的10元鈔票是完全等值的。因此，錢幣也具有價值儲藏（store of value）的功能。

硬幣為什麼是硬幣？

錢幣要能通行，必須先獲得人們的信任。人們必須相信錢幣所代表的價值，並且所有人都必須認可這個價值才行。若沒有這層認可，便不可能拿出物品做為交換。

理論上，只要能夠贏得人們的信任，任何東西，無論是原子筆或名片，都可以當成錢幣使用。不過，若被視為錢幣的該項物品，可以被每個人毫無限制且輕鬆地複製生產的話，很快地，人們便會對它所代表的價值失去信任了。

歷史上，世界各地存在著各式各樣的貨幣形式。西太平洋雅浦島（Yap）上的住民便曾用巨大的石板做為貨幣，石幣的體積龐大，直徑可達3公尺。這種貨幣形式無法廣為流傳，很可能正是因為攜帶不易。

但除去攜帶不易的缺點不談，石幣至少具有兩大優點：不易崩壞，以及數量有限。從前島上居民必須冒險渡海至600公里遠，才可能取得石材；接著再以獨木舟將石材運回家鄉。由於路途過於艱辛，島上的石幣方得以維持一定數量，故其稀少性及價值皆能保持不變。

另外，斐濟群島的居民使用鯨魚牙齒做為貨幣；印第安人則是以貝殼製成的珠串做為貨幣。在二次大戰後的德國，香菸曾一度做為貨幣進行交易；在新發行的貨幣市場行情尚未穩定時，人們曾用香菸換取麵包、雞蛋或是奶粉。

歷史上，第一次使用金屬製造的硬幣大約發生於4000年前。當時使用的硬幣具有所有通行貨幣的特點：便於攜帶、不易損壞，並且值得信賴。由於鑄造硬幣的金屬材質本身具有一定的價值，因此較容易贏得使用者的信任。希臘人

是誰決定我們的薪水？為什麼不可能人人均富？　生活就是一門經濟學

在2700年前便開始使用銀幣，而銀本來就是貴重金屬，還可用來打造飾品。

希臘人所鑄造的銀幣成分維持400年不變，相當值得信賴，通行範圍也甚廣。在西班牙，甚至印度，考古學家都曾發現過希臘銀幣。

繼希臘之後，羅馬人也認為發行貨幣的想法可行，便沿用金屬鑄幣的方式，建立起金銀兩幣並存的系統。羅馬金銀貨幣的通行狀況頗佳，直到尼祿大帝時期才出現問題。

尼祿執政時，羅馬帝國負債甚高，政府便在鑄幣時偷工減料，混入大量便宜金屬來取代貴重金屬。這種做法導致人們對貨幣失去信任，原本值1第納爾（Dinar）的麵包，變成得用2第納爾才能買到。這種現象稱為通貨膨脹（inflation）。關於通貨膨脹，我們稍後再來討論。

紙鈔的效力何在？

古代中國在10世紀便開始使用紙鈔。比起金屬鑄造的硬幣，紙鈔的最大優點就是便於攜帶。不過，紙鈔不像硬幣，材質本身並不具有一定的價值，這也是紙鈔和硬幣最大的差異。

既然如此，古代中國所發行的紙鈔又是如何贏得使用者的信任？首先，在那個時代，造紙並非易事。而且印製紙鈔是皇帝的特權，只有皇帝才有權下令印鈔。紙鈔的效力及價值，全由皇帝決定。紙鈔制度在古代中國通行了數個世紀，也可看出人民對皇帝顯然相當信任。

歐洲紙鈔的發展則較為緩慢。由於紙鈔不像金幣或銀幣，材質本身並無任何價值，因此無法輕易獲得人們的信任。直到18世紀初，蘇格蘭人約翰‧羅（John Law）建立起一套發行系統，加強人們對紙鈔的信賴。這個辦法即是在所有發行的紙券上註明，持有者可隨時交換特定數量的金幣或貴重金屬。直到後世印製鈔票時，也仍然沿用此一原則。

世界上所有主要貨幣皆可兌換強勢美元。而美元直到1971年都還享有政府的保證，可與中央銀行交換等量黃金。今日美國中央銀行裡仍存有許多黃金，但紙鈔兌換等量黃金的保證已不復在。實際上，工業化國家的人民也無須以交換黃金做為保證，便會信賴政府所發行的鈔票。但即便如此，近年來發生的兩次重大危機：金融風暴以及歐債危機，使得這份信賴受到極大的打擊。

隱形的貨幣

硬幣及紙鈔雖然是很好的交易媒介，但有個缺點：必須隨身攜帶，出門購物時才能付給店員以交換商品。而像是郵購公司或 Amazon 等商家，則提供顧客透過商品型錄或在網路上選購的消費方式。不過若顧客消費後，還得親自出門將錢送至商家，這種購物方式便失去了它的優勢。因此人們便想出新的方法，一種無須使用硬幣及鈔票的付費方式。

其實，歷史上很早便出現非現金支付的交易方式。這種方式出現的主因是商旅的困難及危險：500 年前，經商是一項高風險的行業。在歐洲，許多商人會設法集結出團，並僱用傭兵來保護貨品及人身安全。但即便如此，襲擊事件仍不時發生，商人常因此失去貨品及賺得的金錢。由於不想攜帶大筆現金旅行，商人便想出存放的方法。他們將錢幣存放在金匠那裡，因為金匠通常會有一間牆厚門重的儲藏室，用來保存準備打造成首飾的黃金。商人可以安心地將錢存放在此處，並領取一紙收據，上面列有他們交給金匠保管的金額。

根據這張收據，金匠必須擔保支付持有者現金。因此，這張收據也就成了一種支付承諾的證明。憑著這份支付承諾，商人也可拿來購買其他物品，如此一來，無須使用現金，一樣可以進行交易。例如，當商人購入一捆絲綢時，他只要把金匠開立的收據交給絲綢商即可。絲綢商收下後會轉交給金匠，金匠則開立一張相同數額的新收據給絲綢商，同時自商人存入的錢中扣除。而金匠所開列的收據就等同後來的支票。今日支票在美國仍是相當常見的付款方式。

現在付款方式早已多樣化，愈來愈少人直接以現金支

付。最常見的非現金支付方式是銀行轉帳，特別是繳交帳單，例如房租。公司支付員工薪資時，也都是透過這種方法，直接從公司的銀行帳戶轉至員工的帳戶。整個過程看不到現鈔，銀行只要做好登記，載明由誰轉出多少金額，將轉出金額從公司帳戶中扣除，再添進各個員工帳戶裡。而所有轉帳紀錄都會註明在銀行對帳單中。

另一種方式則是以金融卡付帳。有了金融卡，到超市購物就不必再攜帶現金，只要將卡片置入讀卡機，確認購物金額正確無誤，便可輸入密碼，再按一次確認鍵，讓帳單上的金額從消費者的銀行帳戶中轉出，匯入超市的銀行帳戶裡。金融卡付帳成功的先決條件，是讀卡機必須先與一電腦系統相連，如此才能辨識金融卡是否有效，以及輸入的密碼是否與該卡片相符，而此一電腦系統則直接與銀行相連。

與金融卡付帳方式相似的還有信用卡。兩者唯一的區別是，若以信用卡付帳，所付金額並不會立即從自己的銀行帳戶中扣除。與信用卡連接的系統會蒐集所有以該信用卡支付的金額，每月結算出總額，再由持卡者逕行支付。在許多國家中，信用卡都比金融卡更廣泛使用。不過有鑑於網路購物盛行，企業也發展出新型付款方式，例如PayPal。此外，現今也發展出手機付款系統，極有可能在未來成為常態。

今日社會裡，貨幣雖是交易媒介的主流，不過以物易物的交易方式仍然存在。例如德國許多城市都設有地區交換貿易系統（Local Exchange Trading System，縮寫為LETS），透過此種系統，人們可交換各種勞動服務，好比一小時修剪草坪服務

是誰決定我們的薪水？為什麼不可能人人均富？　生活就是一門經濟學

交換按摩服務，或者照顧幼兒一次交換數學家教兩小時。藉由這些勞動交換，人們不僅享受勞動的樂趣，還增進了社區的交流。

什麼時候開始出現銀行？

在現實生活中，錢是很重要的東西，沒錢就無法購物。而提供人們錢幣使用的機構，就是銀行。接下來，你將會明白，銀行不僅是最重要，同時也是最危險的金融機構之一。一般而言，銀行保管錢幣，必要時提供給顧客使用。或許是貸款，也就是顧客向銀行借錢，之後再連本帶利地還清；也或許是從帳戶裡支領款項，亦即銀行會從顧客的帳戶裡提領出金錢，交給顧客。

正因人們需要這些服務，銀行這樣的機構才可能出現。關於銀行興起之歷史，大致可簡述如下：早在西元前3000年，西亞古文明美索不達米亞便發展出與今日銀行業務類似的商業行為，且通常在神殿或宮殿中進行。由於當時人們害怕強盜打劫，許多人會將值錢物品，如黃金和穀物等，寄放在神殿中。而神殿看守者則有權將寄放的物品暫時出借，只要在約定交還物主的期限內將物品收回即可。看守者將存放的黃金或穀物出借後可換取薄利，因為借貸者必須在約定期限內繳回比原來更多的數量。多出的數量便是看守者在這其中所獲得的利益，也就是利息（interest）。

西元前700年，古希臘就已出現一種類似今日銀行家的職業。這些上古時代的銀行家借錢給他人時，會要求借錢者簽下歸還保證，若無法歸還借款，便得賣身為奴。此制度沿襲至羅馬之後仍然相當盛行。

到了中古歐洲，人們對銀行家這個職業的認識，仍僅局限於換錢服務。提供此服務者通常會在市場中擺張桌子，桌子的義大利文為banca，而這也成了英語中「銀行」一詞之

字源。這些坐在桌子後的人，義大利文稱作banchieri，亦即「銀行家」，他們最早只提供換錢服務，但漸漸地，也開始替他人保管錢財。而將錢財交給銀行保管的人，起初並未有其他想法，只要求將來能從銀行家手中領回等量的錢。

不過，日後情況開始有所改變，特別是當人們對銀行家產生信任，銀行家開始將接受保管的錢財部分出借之後。也就是在這段時間，西方出現了「破產」此一詞彙：如果銀行家無法在約定時間內，將其所保管的錢歸還給原所有人，擺在市場上的桌子就會被人破壞，義大利文稱作「banca rotta」，即為英語中破產（bankruptcy）一詞之字源。

歐洲歷史上第一個真正的銀行組織，出現在西元1200年左右的威尼斯。該銀行名為Montevecchio，當威尼斯政府缺錢時，便會向它借款。此後，貴族、商人及工業界裡需要借貸服務的人愈來愈多，銀行設立便也愈來愈多。直到今日，借貸仍是銀行最重要的業務之一。

一個對銀行毫無概念的人，可能會非常訝異，原來自己所存入銀行的錢，並不是原封不動地放在帳戶裡。雖然在存摺及對帳單上已明文列出顧客存入帳戶的金額，但這筆錢很快就會被銀行轉借給他人。就像西元前3000年美索不達米亞的神殿看守人一樣，銀行就是藉由將別人寄放的錢再轉借給他人而獲利的。

有時甚至可能出現下列狀況：一個工人將一張100歐元鈔票存入銀行，銀行又剛好將這張鈔票借給僱用工人的老闆。不久，老闆將這100歐元鈔票再付給工人，工人又將這

張鈔票存入銀行。如此一來一往，工人帳戶存款增加，老闆借款增加，銀行獲利也跟著增加。而整件事情的主角，只是同一張100歐元鈔票，聽起來的確很不可思議。

我兒子小時候有一陣子常上銀行檢查他在那裡的存款是否還在，因為他無法完全相信銀行，這種想法其實還挺聰明的。

是誰決定我們的薪水？為什麼不可能人人均富？　生活就是一門經濟學

收取利息，是對是錯？

銀行出借代他人保管的錢以獲取利息，此舉稱之為貸款業務（lending service）。如前所述，貸款是銀行最重要的業務之一，利息則是銀行提供借款服務所收取的代價。例如，當顧客跟銀行借了100歐元，並說明一年為期，屆時必須繳還銀行110歐元，其中借出與繳回之10歐元差額，便是利息。正因有利息可收，銀行才會將其視為業務之一。

至於收取利息一事，爭議不少。有人批評銀行只不過將別人的錢轉借出去，再拿回更多的錢，等於根本沒做任何事情便可輕鬆獲利。

但這種說法其實並不完全正確，銀行還是有做事，畢竟，在借錢給顧客前，銀行必須先從他處蒐集到足夠的資金，而這可不是一件輕鬆容易的事。況且，世界上有這麼多銀行，都在搶著做同樣的事。

第二個支持銀行應該收取利息的論點，則是借貸本來就是一件高風險的生意。假使借貸者計畫失敗、全軍覆沒，銀行借出的錢無法收回，便可能陷入窘境，危急時甚至必須拿出自己的錢償還。若要銀行甘冒風險繼續借貸，就必須有所收益，才可藉此彌補可能發生的損失。

第三，貸款業務之所以存在，就是因為有人需要借貸，這也是支持利息存在的另一個論點。有人需要借貸，可能是因為想買房子，若得不到這筆貸款，便無法買下房子。要能拿到貸款，就必須找到願意將錢借給他的人，而利息便是促成將金錢出借給他人的最大誘因。否則，如果無利可圖，誰願意將錢借給他人呢？

就這點而言，借貸對雙方都有好處：銀行可藉此賺取利息，借貸者則可因此實現夢想，購入原本無法負擔之物。如此一來，皆大歡喜，還有什麼可反對的理由呢？

美國經濟學家歐文・費雪（Irving Fisher）曾提過一個親身經歷的小故事。有一回，當費雪去按摩時，按摩師在閒聊中提起利息一事，並表示收取利息是一種偷竊的行為。費雪並未當場反駁，但在按摩結束、按摩師向他收取30美元費用時，他跟按摩師說：「沒問題，只是我不想現在給你，幾年後再說吧。就算是你借我的，有一天，我一定會還你這30美元。」按摩師回答：「我可等不了這麼久，我現在就要這筆錢。」費雪說：「你看，這不就代表，今天你能拿到的錢，比起一年或十年後才能拿到的錢，要更有價值嗎？」若有人想等到一年之後再付30美元，自然得付出更多，例如32美元，這個多出來的金額，就是所謂的利息，也是顧客得以不立即繳回銀行欠款的代價。

因此，以較為複雜的方式來說，利息就是暫時出讓錢財的價格。或者說，利息就是換取現金的代價。

即使如此，認為借貸、利息和銀行皆為惡勢力的觀感仍然普遍存在，而這種看法也的確不是空穴來風。對某些人來說，借貸的確可能導致惡果，例如，貸款買房後卻失去工作，無法按時繳交貸款及利息，負債金額便會愈滾愈大，最終導致無力負擔的絕望困境。美國發生金融風暴後，許多人都陷入此種困境，無法自拔。

不值錢的有價證券

一般而言，人之所以會受驚嚇，通常是因為某事毫無預警突然發生。而股市、銀行，或是資本市場，便常常帶給人們這類驚嚇。通常可能是因某張有價證券（security）跌破專家的眼鏡，價格突然大幅滑落，其形式可能是股票，也可能是其他標載財產權的有價憑證。例如，假設某甲參與金礦開採，投資了部分金額，是因為地質學家拍胸脯保證此處一定可以開挖出許多黃金。然而結果並未挖出任何金塊，礦產一文不值，於是某甲手上那張證明擁有部分礦產的有價證券，也就跟著變得一文不值了。

若是參與這項投資的人數眾多，就會有很多人和某甲一樣損失財產，這種情況便會令許多人感到驚愕。不過，這種情況波及的範圍有限，僅在投資開礦者的圈子裡。話雖然這麼說，但若損失金額龐大，還是可能產生極為可怕的後果。

假設投資者不是個人而是銀行，所引發驚嚇的程度就會更為驚人。例如近10年來所發生的經濟危機中，主角皆是銀行。2008年前後的全球金融危機，便是因為美國雷曼兄弟投資銀行（Lehman Brothers Holdings Inc.）擁有的有價證券價格突然大幅滑落，導致破產。

當銀行面臨破產危機時，可能發生的情況如下：所有將錢存在銀行的客戶，一聽到銀行可能破產的消息，便會立即要求提領現金，銀行便開始變賣所有可以脫手的資產求現，而最先拋售的，通常是最易變現的股票。當銀行開始大量拋售股票，或者當很多銀行同時一起拋售股票時，股價就會大跌，而股價一跌，便會波及其他持有股票的銀行和投資者，

造成更大的損失。

　　雷曼兄弟投資銀行所引發的金融危機，其導火線便是有價證券，這些證券則和美國中下階層購屋貸款時所負擔的債務有關。當這些人無力償還房貸時，證券價格便急速下滑，更糟的是，沒人知道這些證券到底由誰持有。全世界大部分的銀行都被懷疑可能擁有這批廢紙，因而連帶被懷疑可能出現財務危機。疑慮一旦出現，不只客戶急著跟銀行提取存款，就連銀行之間也會因為彼此懷疑而急著拋售手上所有可能變賣之物，以求兌現。而且為了保險起見，銀行幾乎停止對外借貸，連一般公司及個人都無法獲得貸款。沒有貸款，公司和個人便無法進行投資或是消費，經濟便因此衰退，造成公司倒閉，失業者遽增。為了因應金融危機，各國政府及其中央銀行無不想盡辦法力挽狂瀾：除了提供大量資金以拯救瀕臨破產的銀行之外，也設法透過各種大型計畫，刺激經濟發展，例如，興建新公路、設立新學校等，以設法補救突發其來的重大損失。但如此一來，國家負債大增，也因而產生了下一波危機，亦即歐債危機。歐債危機也就是主權債務危機（sovereign debt crisis），至於主權債務危機是什麼，本書之後會再詳述。

　　為了避免重蹈覆轍，許多人要求銀行今後不得如此為所欲為，必須接受監控管制，國家也不可再為了拯救銀行而隨意動用人民繳納的稅金。有人認為銀行規模應該縮小，也有人認為銀行必須存放更多的預備金，以備不時之需，並且必須繳交更多的聯合救濟基金。以上所有做法都導向同一個目

　　是誰決定我們的薪水？為什麼不可能人人均富？　生活就是一門經濟學

標，亦即期望今後銀行不必憑藉外力，便能自行度過危機。
經歷這10年來的經濟危機後，人們已經深深了解，光是一
家銀行倒閉，受害的人數便可能無法估計。

德國青少年債務來源：手機

今日，借貸或欠債的可能性都要比從前高出許多，尤其是年輕人，更容易陷入負債的狀況。在德國，有五分之一的年輕人身負債務，債主除了銀行、郵購或網購公司之外，也可能是父母或親友，不過其中最常見的，則是手機電信業者。

在德國，年輕人簽下的生平第一紙合約多半為手機合約，而這往往等於負債的開始。面對業者推出的各式商品服務，例如簡訊聊天、手機鈴聲及圖片下載、無線上網等，青少年很容易失去控制，到了月底，便可能出現好幾百歐元的高價帳單。

除了預付卡外，一般來說，使用手機打電話其實是一種寅支卯糧的借貸形式。直到月底收到帳單，消費者才會知道到底花了多少錢，透過銀行自動轉帳扣繳功能，這筆錢馬上就會從消費者帳戶扣除，且經常超出預算。因此，青少年在使用手機時必須特別留意，否則一不小心，銀行帳戶便會出現赤字，給自己帶來麻煩。

高利貸不是道德問題，而是制度問題

專營借貸的放款人通常名聲不佳。早從中古歐洲開始，這些人便總在他人陷入危難時出現。例如，當佃農遇上荒年歉收，又必須繳納佃租給地主時，放款人就會以高利貸的方式借錢給佃農周轉，此時利息不只是原租金的15%而已，而是可能高達70%或80%。也就是說，當放款人借出1,000基爾德（Gulden）[2]時，也會要求一年後收回1,800基爾德。

而除了高利息之外，放款人還會要求抵押保證。向他借錢的佃農必須簽下合約，表明如果未能即時繳清借款，自己所有身家財產都將屬於放款人所有。雖然條件苛刻，但人在急難時往往也別無選擇，許多人便因此失去了全部家當。由此看來，放款彷彿是件很不道德的事。不過，道德與否，便如同世間所有人事一樣，總有不同的看法。在談論道德與否之前，我們應該先問的是：如果沒有這些放款人，欠繳佃租的可憐佃農會有什麼樣的結局？

結局很可能是一樣的：地主一樣會趕走佃農，並沒收其家當做為欠租的補償。相較之下，放款人至少帶給佃農一線生機，一個繼續保留租地的可能。而借款條件如此苛刻，和放款人是否存在的相關性其實不大，反而比較可能和高佃租制度有關。

---

2 譯注：中古歐洲的貨幣，通行於今荷蘭及德國等地。

我的錢會貶值？

德國在1923年時曾出現一個奇特的經濟現象：麵包、牛奶或襯衫等民生用品，在月底時，價格會飆升至月初的300倍。當時工人拿到的薪水愈來愈多，發薪日還得帶著大袋子來裝鈔票，只是，拿到這麼多錢，工人卻一點都不高興，因為不管他們拿到多少鈔票，隔一天後，這些鈔票就幾乎都成了廢紙。

這是德國歷史上的一段黑暗期，人民不僅失去所有儲蓄，也對經濟社會及政治制度完全失去信心，整個社會深陷於絕望深淵。

這到底是什麼狀況呢？原來，整個德國都籠罩在一個名叫通貨膨脹的惡靈之下。所謂通貨膨脹，便是指市場上大部分的商品或服務價格長期持續上漲，造成貨幣不斷貶值。舉例而言，假設今天一馬克可以買到一磅奶油，明天就只能買到半磅，後天僅剩四分之一磅。一旦發生通貨膨脹，人們只會愈來愈窮。

所有其他工業國家曾發生過的通貨膨脹，都無法與德國1922至1923年的經歷相比。正常情況下，德國的年通貨膨脹率為1%至3%，而1923年10月，德國通貨膨脹率則高達百分之三萬，一個令人難以置信的數字！

為什麼會發生這種事？悲劇的罪魁禍首就是政府。德國在第一次世界大戰時期與戰後大舉國債，為了償還債務，政府開始大量印製鈔票，流進市場循環，導致物價不斷上漲。不過，過量鈔票和物價上漲的關聯又是什麼？

以下，我將以說故事的方式來解釋這個問題。

是誰決定我們的薪水？為什麼不可能人人均富？ 生活就是一門經濟學

很久以前，在一個名為荒鄉謬土的小國，突然出現一架直升機，從空中撒下100億基爾德鈔票，使得境內鈔票數量突然變成兩倍。由於荒鄉謬土一向與世隔絕，和其他國家沒有任何接觸，所有民生物資皆靠境內10家工廠及10間農場生產製造。如今，境內突然多出大量的鈔票，人民手上握有的鈔票增多，農夫、工廠主人及商人便開始提高商品售價，甚至提高至原來的雙倍。這便導致了基爾德幣的購買力（purchasing power）折半，也就是說，如今一基爾德幣只值從前的一半而已。

德國在1920年代初期所發生的，便是類似荒鄉謬土的經歷。但不同之處在於，鈔票並不像在故事裡那樣，從空中落在每一個人頭上。當時工人與職員們為了能支付飯錢，必須要求更多的薪水。但是，即使他們得到更多的薪水，企業為了支付員工要求的高薪，也同時提高了商品售價。物價提高後，員工只得繼續要求加薪，因而陷入薪資與物價競相提高的惡性循環。

在德國那場經濟大波動的後期，工資變成每日發放。由於人們知道今日領到的鈔票到了明日便不值錢，於是儲蓄不再有任何的意義。也因此，只要一領到薪水，人們便立即花光所有手上的錢——誰知道同一套西裝明天會漲到什麼樣的價錢？先買下來再說。

不過，消費者這種先買先賺的心理，商家也非常明白，因此也跟著順應局勢，提高商品售價。實際上，通貨膨脹之所以形成，正是奠基於消費者的預期心理：消費者相信未來

會出現通貨膨脹，並立即反映在他們當下的消費行為上。這種情勢發展只能以瘋狂兩字形容。

　　另一方面，政府為了應付市場對於大量鈔票的需求，購置了新型製鈔機，以便迅速印製鈔票上市，最後，甚至乾脆在原有舊鈔的幣值數後面直接補蓋上幾個零充數。而人們上街購物，還得用手推車堆滿鈔票才夠。有一則老笑話是這麼說的：當時扒手行竊時，對滿車的鈔票不屑一顧，僅牽走更有價值的手推車。

要怎麼避免通貨膨脹？

歷史經驗告訴我們，貨幣貶值可能會使社會及經濟陷入危機。德國又因其自身的歷史教訓，對此現象特別敏感，因此，無論是從政者或經濟學家，皆想盡辦法避免慘劇再度發生。德國的歷史教訓同樣也影響了歐盟的貨幣政策，將貨幣發行數量視為通貨膨脹的主因之一。

假設經濟體系中所流通的貨幣數量果真會影響通貨膨脹，那麼，控制貨幣數量便是一個防止通貨膨脹的好方法。事實上，各國政府也的確採取此種政策，或者更精確地說，各國政府皆委託其中央銀行實行此一貨幣政策。另外，歐洲各國也共同設立了歐洲中央銀行，總部設於德國法蘭克福。

中央銀行可說是銀行中的銀行，業務和一般人民無關。例如，會向德國中央銀行借錢的對象，是德意志銀行、安聯金融服務集團、信用合作聯盟銀行（Volksbank）、地區性公營儲蓄銀行（Sparkasse）等金融單位，比起一般銀行，中央銀行最大的特點，就是具有印製鈔票的權力。

當一般銀行需要現鈔時，便會跟中央銀行借提，並支付利息。這個由中央銀行所設定的利息利率，稱為基本放款利率（prime rate），是最重要的利息指標。有時我們會聽到新聞報導說：「歐洲中央銀行今日將基本放款利率提高四分之一個百分點。」這就代表錢幣價值升高。

至於中央銀行調高基本放款利率的時機，就是當專家認為市場上有太多現鈔流通的時候。現鈔太多，容易導致通貨膨脹，此時便需要藉由調高基本放款利率，來控制流通貨幣的數量。

當銀行聽到調高基本利率的消息後，也會立即應變：調高利率。因為這代表必須付給中央銀行的利息會增加，為了彌補自身的虧損，便需要跟著調高貸款利率。貸款利率升高，意謂著貸款不利，企業因此會暫緩其併購或是投資計畫。與此同時，當銀行提高貸款利率，通常也會一併提高存款利率。所以，許多人認為，比起借貸，還不如趁此機會趕緊將錢存入銀行，賺取利息，因而也造成鼓勵儲蓄的效果。如此一來，流通於市面上的貨幣便會減少，隨著貨幣減少，通貨膨脹的危險也就跟著降低了。

　　除此之外，中央銀行還有兩種抑制通貨膨脹的方法：第一是將手上的有價證券，例如債券（bond），便宜地賣給各家銀行，藉此減少市場上的貨幣流通；第二則是強迫各家銀行將錢存入中央銀行，使銀行可供外借的現鈔減少，同樣可以達到減少市場貨幣流通的目的。

　　歐洲中央銀行也規定，歐洲各國每年的通貨膨脹率不得超過2%。也就是說，所有貨品及服務的平均價格，比起上一年的價格，不得多出2%。然而，就在一般認為各國皆遵從指示，按照計畫進行時，歐債危機就突然爆發了。

歐元，是好主意嗎？

通常來說，每個國家都有自己的貨幣，例如美國有美金，日本有日圓，印度有盧比。但在歐洲，卻出現了另一種想法：17個歐盟會員國都認為，使用共同貨幣較為有利，因此，包括德國、法國、荷比盧三小國、奧地利、義大利、西班牙、希臘、愛爾蘭、葡萄牙、愛沙尼亞、芬蘭、斯洛維尼亞等國家，皆引進歐元做為通行貨幣。從此以後，使用歐元的國民到其他同樣使用歐元的國家旅行時，都無須再兌換外幣，也不必費心換算餐廳及旅館等帳單費用，這實在是一件非常方便的事。

同樣的，共同貨幣也帶給企業不少便利之處。從前，如果德國公司想將一架標價100萬義大利里拉（lira）的機器賣給義大利公司，就必須承擔一種特別的風險，即所謂的匯率風險（exchange rate risk）。因為義大利里拉兌換德國馬克的價格，有可能隔了一夜便大跌，並因而減少營收。有了歐元做為通行貨幣，歐洲內部的商業交易便穩定且容易許多。

不過，許多德國人對歐元仍然充滿疑慮，認為還是使用舊有的馬克較佳。在歐元國中，有些國家的舊有通行貨幣並不像德國馬克那麼強勢，舉例來說，義大利里拉、希臘德拉克馬（drachma），和西班牙比塞塔（peseta）都屬於弱勢貨幣。對德國人而言，擁有一個強勢貨幣，是非常重要的事。

為什麼擁有強勢貨幣這麼重要？簡而言之，若擁有強勢貨幣，人們便可以毫不擔心地使用存摺上的錢在國外旅遊購物。乍聽似乎微不足道，但是這絕對不是一件無關緊要的小事。舉例來說，iPhone或汽油等商品，基本上都是以外幣

支付，如果本國貨幣對外幣（例如美金）的匯率突然下跌，意即貨幣價值不如外幣（美金），那麼，即使生產iPhone的蘋果公司並未調漲手機售價，本國國內的iPhone價格一樣會變貴。

然而，另一方面，許多人也認為，歐洲共同貨幣可以強化彼此的合作關係，並增進國際友誼。實際上，歐元也相當風光地維持了一段時期。而且光就通貨膨脹的角度來看，就算歐債危機達到高峰時，德國的通貨膨脹率還是低於馬克時期。不過，無論如何，後來歐元還是面臨了重大危機。

要剖析歐債危機，就必須先從希臘這個面積不大的國家著手。因此，接下來我便會以希臘為主，說明歐元到底面臨了什麼樣的危機。

歐債風暴：當你的問題成為我的危機

自從希臘經濟問題浮上檯面後，有人便認為歐元前景堪憂。不過，儘管早有預感，但當時還是沒人能夠預料得到，這麼小的一個國家，竟然會給歐洲帶來這麼大的麻煩。早在2009年，一些圈內行家便覺得情況似乎並不樂觀。而希臘在10月國會大選後，新組成的政府更發現，國家負債情況並不如對外宣稱的那樣低。實際上，希臘早已負債累累，光是2009年一年內，希臘政府的年稅收就比支出短缺了約12個百分比。

當一個國家支出比收入高時，便須舉債。如果是一般人，可能會到銀行詢問是否願意給予貸款。國家的做法也差不多，只是此時不僅僅是詢問一家銀行，而是詢問所有的銀行、保險及基金等金融機構是否願意借錢給國家。如果價格合理，金融機構便會拿出現金借給國家，國家貸款一樣得付利息，而這種利息的形式，便是債券。

不過，自2009年開始，金融機構已開始拒絕像從前一樣提供低利率貸款給希臘政府，因為他們懷疑，希臘是否真有能力償還貸款。這個問題也很快便浮上檯面，由於金融機構拒絕繼續提供貸款，希臘政府很快便陷入缺錢的窘境，所有政府的一般日常支出，如各級公職人員的薪水、退休金，和維持軍隊的費用等，皆無以為繼。最後，其他歐元國家決定伸出援手，但要求希臘政府必須嚴格縮減開支。

事情為何會演變成如此嚴重的境地？從歷史來看，希臘經濟狀況長久以來便一直處在懸崖邊緣。自從希臘成為獨立國家後，其政府大半時候不是處在無力償還國債、就是破產

的狀態，而經濟發展也長期不見好轉。只是，造成這波希臘經濟風暴的原因，不僅是希臘經濟發展的問題而已，還與歐洲共同貨幣密切相關。

在2001年希臘成為歐洲共同貨幣會員國後，各大金融機構曾對希臘充滿信心，因為加入歐洲共同貨幣的希臘政府，提出了一張漂亮的經濟成績單，說明其國債已逐年減少。而這張成績單，是其他歐洲共同貨幣會員國對希臘所提出的要求：想加入歐洲共同貨幣，就必須滿足降低國債並維持低通貨膨脹率的條件。希臘成功加入歐洲共同貨幣後，自然就已經獲得歐洲金融機構的信任。然而，這樣的信任，卻使希臘陷入一個從未經歷過的奇妙局面：突然之間，希臘只要繳交少許的利息，便能從各家金融機構中獲得貸款。而且，不只是希臘政府而已，一般個人及企業也都能輕鬆獲得貸款。更奇妙的是，貸款所需繳交的利息，有時還比通貨膨脹所造成的虧損來得更低。也就是說，貸款幾乎可說是零利率。

希臘通貨膨脹率通常在3%至4%之間，而歐洲中央銀行規定，各歐元國之通貨膨脹率不得超過2%。從這一點來看，中央銀行早該出面干涉。但因為其他同屬歐元國家的經濟大國，特別是德、法兩國，都仍然維持低通貨膨脹率，所以如果中央銀行一旦出手干涉，例如調高貸款利率，就可能會造成打壓經濟發展，使得其他國家經濟成長陷於停頓的狀態。因此，歐洲中央銀行對希臘通貨膨脹超過既定政策的問題，便一直保持袖手旁觀的態度。

更可惜的是，希臘並未理性地運用這筆輕鬆獲得的便宜資金。舉例來說，希臘政府無視其公職人員數量原本就已過多，還是拿著這筆資金繼續僱用更多的公職人員；企業也因資金取得容易，便懶得多動腦筋，因而喪失市場競爭力。舉國上下皆抱著狂歡的心態，花掉了大筆金錢，直到某天金融單位突然要求提高利息，不願繼續提供便宜資金為止。

突然之間，希臘成了全世界的焦點。人們也才突然發現，這個國家竟然有著一個負債累累的政府，和一個毫無競爭力的產業體系。就連希臘最負盛名的菲達起司（Feta）這個在德國超市也有販售的品牌，竟然也不是來自希臘，而是丹麥。

這樣一來，情況更是雪上加霜。希臘政府貸款利息不斷提高，而利息一提高，就更不可能省錢，惡性循環的結果，便是深陷泥沼、無法自拔。在歐元時代尚未來臨前，希臘政府一旦陷入這種情況，所採取的策略不是宣布破產，就是改革幣制以使舊幣大幅貶值，或者兩者並行。如此一來，不管是菲達起司、橄欖油，或是到希臘度假旅遊，都會出奇地便宜，因而刺激經濟發展。經濟一旦起飛，國家收入增加，政府便能繼續維持一般開銷，一切恢復正常。

然而此一令貨幣貶值的策略，在已經使用共同貨幣的情況下，希臘政府無法再度使用。另一種可能的方法，則是離開歐洲共同貨幣，重新使用自己的弱勢貨幣，但希臘又不願意放棄歐元。最後，只剩下一種選擇，就是政府宣布破產，一切重新來過。只是，事情並非如此單純。希臘政府透過發

行政府公債大舉國債，而這些債券已經散布於歐洲各家金融機構。一旦希臘政府宣布破產，這些債券將立刻變成廢紙，債券持有者的損失無可計量，並造成金融機構減少貸款，甚至面臨破產邊緣而求助於各國政府的慘劇。為了不讓希臘政府落到宣布破產的田地，歐洲各國紛紛伸出援手，提供希臘政府借貸、擔保等各式經濟援助，而這些經濟援助的附帶條件則是：希臘政府必須嚴格執行財政緊縮政策。

當希臘經濟問題一旦浮上檯面，各家金融機構開始對其他某些歐元國家產生同樣的懷疑。例如義大利、西班牙、葡萄牙和愛爾蘭，它們的經濟情況皆與希臘極為類似，也都同樣擁有低利率貸款和超過平均值的通貨膨脹率。而歐洲中央銀行當初也同樣為了德、法等經濟強國，未對其做出任何干涉。低利率貸款在西班牙曾造成一陣熱炒房地產的旋風，留下成千上萬的空屋。在貸款利率突然提高後，身負房貸的屋主便突然陷入絕望的困境，而出借貸款的銀行，也因回收不了利息，情況愈變愈糟。

以上種種跡象顯示，這波歐洲經濟風暴和超低貸款利率有著密切的關係，只是對於這筆輕鬆得到的資金，各個國家使用的方式不一，有些拿來僱用更多的公職人員，有些則拿來做為低房貸炒房地產。至於超低貸款利率的出現，則是通貨膨脹所產生的結果。雖然各國通貨膨脹率不一，但所有歐元國家貸款利率卻是一致的。也就是說，借貸同樣金額時，希臘必須付出的利息，和德、法兩國一樣。問題是，希臘的通貨膨脹率比德、法兩國都要高，貨幣經過通貨膨脹後，同

是誰決定我們的薪水？為什麼不可能人人均富？ 生活就是一門經濟學

樣的金額便產生不同的價值。這也就代表，希臘負債的實際價值不斷地萎縮，因此比起德、法兩國，更值得繼續借貸。

這就是超低貸款利率帶來的問題：利用時機毫無節制地大量貸款，卻不做任何理性運用，借來的錢全花在無助於經濟發展之處。所有便宜貸款所帶來的經濟繁榮，都不過是曇花一現的假象。

至於歐洲應該如何防止類似危機再度出現，或者歐元是否能夠繼續維持，目前都是無解的問題。

5

國家是個收帳員

Ein Gebilde namens staat

做任何事都要付錢給國家

購物付錢時，其實顧客不只是付給老闆而已，同時也自動付給政府。在德國，當店家賣出一件10歐元的T恤，便須繳給政府約1.6歐元；賣出一輛1萬歐元的汽車，政府則收到1,597歐元。這種繳給政府的款項，是一種特別的稅，稱作加值型營業稅（value-added tax，簡稱VAT）。德國大部分商品的加值型營業稅為19%，某些商品稅額較低，例如食品及書籍，稅額是7%。

加值型營業稅是一種消費稅（excise），意即只要消費者購買商品，便得繳稅。另外，德國其他的消費稅還包括菸草稅及汽柴油稅，舉例來說，在德國加油站裡加滿一油箱的費用，有三分之二是繳給德國政府。

政府跟人民收錢的名目，可不只有加值型營業稅而已。當員工領到薪水，就必須繳交薪資所得稅；而其他收入亦同，好比房東的房租收入、買賣股票所賺得的收入，或所有按件計酬工作的收入，好比作家寫書拿到的稿費等，全部都得繳所得稅。

除了各式稅目，德國所有的受薪階級還得繳納各種社會保險。至於保險項目及費用高低，則由政府決定，其中包括失業救濟保險、退休保險、健康保險，和長期照護保險。員工每月定期繳交保險費用，當他們年老、患病、失業，或需要長期照護時，便可獲得救助金。最後，政府還會跟國民索取其他種類的費用，例如，想申辦或延長護照的人，也都得繳交一定的費用給國家。

有時候，國家看來像個斂財專家。德國納稅者聯盟

（Bund der Steuerzahler）[1]每年都會發表統計，計算國民一年之內幫國家工作了多少時間。若就統計數據來看的話，德國國民的生產總額，每年都有一半繳進了國庫之中。

如果不想惹惱人民，國家便必須提出一個正當的理由，說明收稅有理。

---

1 譯注：德國納稅者聯盟成立宗旨為降稅及節稅，督促政府裁減冗員、不浪費稅收、並降低國債。但不得承辦納稅諮詢業務。

國家應該幫人民做什麼？不該幫人民做什麼？

本書截至目前為止所提到的問題，都和市場經濟及運作有關。你已經了解，那隻看不見的手是如何滿足我們想擁有iPhone、想吃巧克力等物質需求；你也從歷史教訓中得知，如果國家強力主導生產及經濟發展，通常只會得到反效果。

不過，就算是市場經濟的死忠支持者，也不得不承認：某些事物還是國家經手比較好。例如，我們都希望人人能公平地對待他人，沒有人會因為謀殺、偷竊、傷害、詐騙，或毀謗等罪行而受害。也因為這個期望，所以我們需要法律，而且是一個適用於所有人的法律，無論窮人還是富翁，在法律之前一律平等。接著，我們還需要法官、檢察官、警察，確保法律制度能夠真正地維持與實行。

某些事物，就像教育和權利一樣，不應該保留給特殊族群，應該要全民共享。這些事物包括了軍隊，能保障國土不受外敵侵略；或者外交，能促進與他國的合作關係。這些事務都必須交由國家承辦，此時便必須使用人民所繳納的稅金，聘請教師、軍人及外交人員。

這些交由國家經手的事務，又稱之為公共財（public good）。你或許會問，為什麼公共財不能交由市場自行運作和組織？針對這個問題，經濟學家認為，公共財之所以無法交付給市場，主要和普遍存在的投機心態有關。舉例來說，搭車逃票就是一種投機行為。搭乘公車或火車卻不買票，是一件極不公平的事。逃票者並未如其他買票的乘客，付出金錢，以支持公車和火車的營運；逃票者總是認為，只要靠別人付錢，大眾運輸系統就可以維持。由於這種自私的心態，

使得公車和火車營收減少，就算營運者再有心，也因此無法提供乘客更好的服務。

在一個任由投機者自由發展的社會裡，這種自私心態可能導致無法建立完善的司法系統、富機動性的消防隊，或是健全的軍隊。因為大多數人都期待法官、消防隊員、軍人及所有公職人員的薪水可由他人出錢支付，自己則無須從口袋掏出半毛錢，而這種想法將危及整個社會。如果，某個系統可能無法靠自己的力量維持正常運作，國家便必須出面主持，這是國家必須承擔的責任。

公共財的認定標準並非沒有爭議，學者及從政者便常常爭辯，針對某些事務，國家出面干涉是否必要：例如，要靠國家出資才足以維持營運的游泳池、劇院或博物館，是否還應該存在？或者，市民及這些設施的使用者，也應該付出足夠的費用，好讓這些設施無須占用國家稅收，一樣能經營下去？另一方面，也有不少機構組織致力於古物珍品的保存，使古書、古畫及古劍等文化遺產不致損毀腐壞。然而保存及修復古物所需花費甚鉅，無法僅憑參觀門票的收入來維持。

這類關於國家角色的爭議，特別在討論是否該由國家出錢輔助某一產業時，會衝突得更加激烈。這類產業輔助金稱之為補貼（subsidy）。在德國，特別是農業及煤礦業者，均領有政府經濟補貼。尤其是煤礦業的補貼，由於金額龐大到不可思議的地步，更是爭議不斷。近20年來，德國政府在煤礦業的補貼金額已超過1,000億歐元，2012年還追加補貼了約160億歐元。

就2005年的統計數字來看,在德國,就職於煤礦產業的員工,每人每年獲得約7萬歐元的政府補貼。而其他國家生產的煤礦都比德國便宜許多,例如澳洲。德國煤礦產業是靠著國家的補貼政策,才得以不受外國便宜煤礦的威脅。德國政府目前暫定於2018年結束此一補貼政策。

　　相較於其他國家,德國煤礦近50年來的生產價格也較為昂貴。50年前,約有60萬人從事煤礦開採的工作,最後因為無法與其他對手的便宜價格競爭,只好裁員。

　　總體來看,德國政府還是持續從大部分產業中撤退。從前,電力、自來水及暖氣供應皆屬於國家的責任,現在,大部分已由民營企業接手,只是必須接受嚴格的監控。比起製造不沾鍋的公司,提供水、電、暖氣的公司得接受政府更多的規範。而國家必須出面干涉的原因之一,便是這類企業的初始投資金額極為龐大,就像提供給大眾使用的供水系統,若無任何助力,僅靠私人或是私營企業的力量,是絕對無法完成的。

規範企業烏賊

有些情況下，企業或個人從事的經濟活動可能會對第三者造成傷害，此時，國家的存在便很重要。在所有可能造成的傷害裡，環境污染便是一例。在現代社會中，無論是汽機車或工廠，都不斷地把二氧化碳排放至大氣裡。專家發現，這些存在於大氣中的二氧化碳會造成地球暖化、河川乾裂、冰川融化、水源枯竭等現象，進而可能對人類生存產生莫大的威脅。

從前，生產過程是否會破壞環境，並不在企業的考慮範圍。除此之外，要偵察到破壞環境的元凶為何，通常亦非易事。但對國家而言，保護環境不致受到嚴重破壞，是一件責無旁貸的重要任務，因此國家必須訂定法規，減少或禁止環境污染的行為，企業則必須接受規範。

不過，企業或個人只有在下列3種情況下，才可能停止繼續污染環境的行為：良心發現；法令禁止；以及付出高昂代價。若要等烏賊良心發現，可能得等到地老天荒，因此，國家還是主動出擊，率先立法禁止，才比較可能收到功效。

話說回來，現今最新型的環境保護法令，通常會結合市場經濟原則，也就是污染排放權（pollution right）交易。所有需要排放廢氣的企業，都必須跟國家購買污染排放權，政府則將污染排放權維持在一定限度之下。如果某家企業增建了過濾裝置，得以過濾更多廢氣，減少二氧化碳排放量，便可將手中多餘的污染排放權轉賣給其他仍繼續大量排放廢氣的公司。買下污染排放權的公司可繼續排放大量廢氣，只是必須付出高昂的代價而已。

針對這項法令，企業可以自行選擇，要不引進先進科技，設立廢氣過濾裝置；要不買下更多污染排放權。而此舉也使得環境污染成為會計精算的一部分。目前歐洲所實行的環保體系也採取了類似的方式。

國家幫你付學費

現代社會中，國家還有一項要務，便是所謂的重新分配（redistribution）：國家從富人手上收取金錢，再轉給窮人，使人人都能享有一定的生活基本條件。此外，由於市場是盲目的，體制本身並不會區分人們是以什麼方式進入競爭，也不會考慮是否人人皆立於公平的出發點上，所以國家必須輔助市場競爭中的弱勢者，使其享有平等的機會。

舉例而言，如果單靠市場機制來決定大學就學名額，學費將會非常昂貴，對貧困家庭而言，負擔兒女學費就會變成一件非常吃力的事情。這將造成出身清寒的學子失去進入大學就讀的可能性，他們的自我發展也將因此受限，無法完全發揮長才。資賦優異但出身貧困者，喪失了事業發展的可能性，無法成立企業、無法發明新事物、無法成為懸壺濟世的醫生；也因缺乏文憑，無法在許多大企業及行政單位獲得提拔。這不僅不公平，也非常沒有效率。

僅因出身貧寒，便喪失自我發展的可能性，不僅對個人來說很可惜，對社會來說也是一樣的。

如今，不少德國大學已開始徵收學費，對於此事，各方見解不一，檯面上的政治人物也爭論不休。從前，在德國大學尚未徵收學費的年代，出身社經地位弱勢家庭之子女，其原本的教育程度多半就已較低，能進入大學就讀的比例更低。箇中原因，可能是家長無法，或是不想繼續負擔出外就學子女的房租及生活費用；也可能是因為子女的生活圈裡缺乏榜樣，無法明白就讀大學的樂趣，及其對未來發展之重要

性，因此便早早放棄希望，不認為自己可以走向這條路。[2]

　　針對這種現象，國家至少能夠在經濟方面著手改革：可以設立公立大學，讓學生免費就讀；或者，也可以提供獎學金給資賦優異的清寒子弟，讓他們就讀大學的夢想不再這麼遙遠，其他的，再直接交由市場機制解決。

　　第二種方法，可以使出身貧寒的大學生學會自我負責。因為在進入大學前，他們便必須計算清楚自己最適合就讀哪一個科系，或者說，就讀哪一個科系對自己的未來最為有利。而第一種方法則是較為保險的做法，至少不會出現漏網之魚。

　　重新分配的面向上，還包括了社會福利制度。一個長期失業且無法繼續領取失業保險的人，還是需要錢才能過生活。在德國，這些人可以向國家申請領取救助金。今日，若要領取這類救助金，通常還有附加條件，例如領取者必須再進修，或做轉職訓練，有時則必須進行街頭清掃，或是公園除草等勞動服務。

　　德國最重要的社會補償機制就是稅賦制度。收入高者，繳納的稅額可說高得不成比例；收入低者，則幾乎完全不必繳稅；收入未達某個標準，則完全不必繳稅，超過標準後，每多1歐元收入，視所得高低，繳納稅金從0.15至0.42歐元不等。

2　譯注：德國學制各邦不一，基本上基礎教育只有4年，第五年後開始分流，預計進入大學的學生，就讀文理中學（Gymnasium），準備盡快就職者則進入職業預校（Hauptschule），另有實科中學（Realschule）介於兩者之間。

　是誰決定我們的薪水？為什麼不可能人人均富？　生活就是一門經濟學

德國稅制一直是爭議頗多的議題，反對者眾，且不分政黨。有人批評德國稅制太過嚴苛，而重稅制度只是在打擊勤奮工作者，懲罰事業有成者；也有人批評，德國稅制系統不夠完備，不管財富來源是勤奮工作抑或遺產，只要有錢，永遠有辦法乾坤大挪移，使國家無法從中扣稅；另外，還有人宣稱德國稅制設計太過複雜，使人混淆不清。光是為了釐清稅制，便耗費社會太多時間與精力，省下這些時間與精力，可以從事更多更有意義的活動。

政府不只花你的錢，還讓你欠債

關於國家，還有一件相當令人詬病之事，即是國家每年花出去的錢，比收入要多上許多。從先前對歐債危機的敘述中，不難了解這樣的舉動有多危險。德國各級政府，包括聯邦政府、邦政府及各城市鄉鎮等，在2008年舉債總額超過1兆5千億歐元，而在兩年後，也就是2010年，已超過2兆歐元。據德國納稅者聯盟統計，德國國債是以每秒超過1,000歐元的速度在迅速增加。

為了繳交國債利息，就得編列公共預算。德國政府每年的開支項目排名之中，失業救助占了第一位，再來是國債利息，教育預算則是不成比例的低。事實上，如果能夠充分利用貸款創造更多財富，負債本身便不是件壞事。就像貸款購屋一樣，政府借的錢可以用來修築馬路、興建學校，或是創辦大學。國家可能極為富有，但同時也負債累累、債台高築。不過另一方面，國債也可能用在對經濟發展毫無用處的地方。例如，德國部分國債就用在支付各級公職人員的薪水這一類對未來毫無幫助的支出上。

大家常聽到政治人物提起國債時宣稱不可留給後代子孫這麼龐大的債務。這種說法當然沒錯，只是，從經濟學的角度來看，只對了一半。原因在於，子孫們也能享受到國家建設所帶來的好處，如橋梁、隧道、馬路及學校等，若非舉債，國家是無法完成這些建設的。而且，子孫們繼承債務時，同時也會繼承國債債券。債券是國家貸款形式之一，人民可以自行購買，做為投資之用。所有借錢給政府的人，都會得到一份正式文件，明文列出文件持有者的出借金額，金額則

落在5,000歐元至一萬歐元不等。

　　只要有能力、有意願，每個人都可以得到這紙文件，代價則是借錢給國家。當然了，借錢並非大方送，同樣要收取利息：每個文件持有者，無論5,000歐元或是一萬歐元，未來皆可以收回其出借之金額。在這之前，每年還可以跟國家收取利息，做為自願出借金錢的報酬。不少人民手上皆持有這類債券做為投資。這些債券，在持有者過世之後，子孫也可以繼承。也就是說，子孫們不但繼承了債務，同時也繼承了債券。

　　不過，不管怎麼說，現在無人膽敢宣稱高舉國債是件好事。況且，國債高，代表利息負擔大，政府把每年稅收拿來繳交利息的比例也會變高，因而將無力負擔其他的重要支出。

　　所以，如何減少負債便成為一項重要的課題。提高稅收、增加收入以避免再舉新債，對政府來說是可行方法之一。在德國討論如何增加稅收時，焦點往往集中在是否該開徵富人特別稅上。畢竟，近20年來，德國人民財產總額增加整整一倍，政府的確可以從中抽稅。只是，這種做法效力有限，如果政府向人民及企業徵收過高稅額，將會付出更昂貴的代價，例如，假設納稅者不願意，或根本負擔不起這麼高的稅金，企業就會將工廠外移至稅金較低的國家；人民也不想再工作，或寧可打黑工、移民國外、想辦法逃稅、將財產藏匿於他處；甚至是乾脆投票換掉政府。

　　另一個減少負債的不二法門，就是撙節。各級政府單位可以透過減少開支的方式來降低債務。只是，說時容易做時

難，所有被縮減開支政策影響的人們，一定會出聲抗議：地方政府廣設幼稚園需要錢，大學裡的學術研究也需要錢，退休者更不願退休金變少。政治人物為了選票，也不敢隨意開口提出緊縮政策。

節省開支，不是一件簡單的事。反過來說或許更為精確：不節省，是一件比較容易的事。因為國債高築的苦果並非立即可見，等到選民嘗到苦頭時，那些始作俑者的政客，早已退休，不再活躍於政壇了。

也因如此，國債問題始終難以解決。

國家還身負另外一項重要任務，便是經濟政策的制定及推行。這便是接下來的主題。

是誰決定我們的薪水？為什麼不可能人人均富？ 生活就是一門經濟學

景氣循環的影響

國家最大的期望，就是人人有工作，可自給自足，不僅不會陷入貧困，還能日漸富裕。

整體而言，社會經濟發展可以交由市場機制做決定，不過，政府有時會認為，整體的經濟波動過大，甚至發生不公平現象時，這類波動也可能導致失業，造成社會問題。

從過去數年的經濟發展中，可歸納出某種規律的模式：當經濟成長至某一階段，便會進入停滯，甚至萎縮，等到過了這個階段，便又繼續進入成長狀態。這種時而成長，時而衰退的模式，和景氣循環（economic cycle）有關。

模式雖然規律，但並不代表沒有問題。近年來，德國最大的社會問題便是失業，一旦經濟成長陷入停頓或萎縮狀態，失業人數便會直線上升。因此，不難理解政府為了減少失業問題，自然希望經濟能夠長期維持在成長狀態。

如何促使經濟成長？

經濟學裡有一個頗為重要的名詞，叫做國內生產毛額（gross domestic product，簡稱GDP），是指國家在一年內所有貨物生產或服務提供之市場價格的總額。國內生產毛額是以金額計算，例如，在德國生產並賣出兩張100歐元的桌子，在國內生產毛額的計算中，就不是兩張桌子，而是200歐元。

當國內生產毛額增加時，人民過好日子的機會就會跟著增加。而從國內生產毛額的成長曲線來看，便可以知道社會變得更為富裕或是更為貧窮。

造成國內生產毛額變化最主要的因素，是社會經濟的總合需求（aggregate demand，簡稱AD）。而總合需求的數量，取決於總體經濟中4個主要參與者的購買力：首先是個人，可進行例如購買冰箱等消費行為；其次是企業，可出資增蓋新廠，或是購入機械裝置；第三是國家，可撥出預算修築馬路，或是設立新學校；最後則是其他國家，無論是他國政府或外商企業，皆可能向國內企業採購機械或汽車等商品。上述所有消費行為皆會產生收據或帳單，將這些收據及帳單中的金額相加，便是所謂的總合需求。

至於經濟成長的定義，其實很簡單。舉例來說，上述經濟活動的4個參與者，其中至少有一個今年比去年在德國花費或投資了更多的金錢，就可以說，德國經濟成長了。

首先，以個人消費而言，如果一個家庭不只是買冰箱，而是將廚房大翻修，國內生產毛額便會增加。而要一個家庭拿出比過去更多的金錢來消費，可能的原因有許多，有時人們甚至只因看到鄰居有了新廚房，便覺得自己也一定要擁

有。不過，稍具理性的人則會先考慮自己是否能夠負擔，也就是經濟學家所說的「可支配收入」(disposable income，簡稱DI) 是否足夠。這點則和薪資及稅率高低有關，也和個人能從政府那裡拿到多少社會救助及育兒津貼有關。另外，也有不少人還有房租收入，或是股票投資獲利收入等，這些都會影響購買欲望。

還有，大幅度加薪後，人們可能也會開始計算自己是否能夠負擔新廚房；或者，政府調降稅率後，人們口袋多了一筆錢，也會刺激購買欲望。

這也是政府試圖提高經濟成長時，訂定經濟政策的首要考慮方向。政府可以利用調降稅率等方法，增加個人的可支配收入，以此刺激購買欲望。一旦人民消費大於過去，國內生產毛額便會增加。

不僅如此，降稅也可造福企業，使他們可以保留的營收增多。這些營收，可以用來整修辦公大樓、安裝新電梯，或是購置輸送帶、聯合收穫機等大型機械設備，也可以用來增聘員工，或者加薪。無論如何運用，都能直接或間接地增加消費。降低稅率是經濟政策中，一個增加國內生產毛額及促進經濟成長的有效方法，不過，這種方法，僅適用於經濟市場機制無法正常運作，且國家希望提高總合需求時。

除了降低稅率外，政府也可以增加支出，例如，提高給人民的補貼金額，像是育兒津貼等；或多向企業採買招標，例如修築馬路等。政府繳付企業所開出來的帳單，也同樣會增加國內生產毛額。對於政府在景氣蕭條時增加支出以促進

經濟成長，最大力支持的學者，便是20世紀初的英國經濟學家凱因斯（John Maynard Keynes）。

就定義來看，如果國內生產毛額增加，便代表經濟活動的參與者中，或多或少皆比從前富有，這些參與者可能因此提高消費，進而使其他人跟著受惠。凱因斯及其理論支持者，將此種現象稱為「乘數效果」（multiplier effect），並認為政府增加支出，就是造成經濟成長的關鍵推手。

但是，事實果真是如此嗎？以下將細究這種觀點，並顯示這種做法引來反效果，進而出現抑制成長的現象。從這個例子，你也將不難理解，經濟政策在實行層面上的種種複雜性。

目前政府已是負債累累，且每年仍舊入不敷出。若依照凱因斯理論所言，繼續增加支出，政府只能採用兩種方式達到目的：增加貸款，或是提高稅率。

1. 政府若是採取提高稅率的方式，人民的可支配收入就會減少，企業營收也會減少。如此一來，不僅很快就會抵銷國家增加支出所產生的正面影響，而且，也會使人們減少支出，企業降低生產。

2. 如果政府不打算縮衣節食，反而決定大舉國債，同樣會造成影響。政府想借錢，就必須向各家金融機構貸款。但是，金融機構不只提供貸款給政府，也同時提供貸款給個人及企業，以滿足購屋或購置機械裝置等投資願望。如果政府、企業及個人同時一起要求貸款，便會迫使銀行提高利息，最終導致貸款變貴的結果。一旦利息提高了，企業便會

停止購買大型機械裝置及增蓋廠房的計畫，個人也會暫緩購屋計畫，進而造成經濟萎縮。不過，如果社會原本就處在經濟蕭條時期，這種影響就不會成為任何問題。

3. 另一個問題是，如果政府降低稅率，使人民的可支配收入變高，雖然造成消費增加，但卻不在國內消費，而是國外，例如出國旅遊或購買舶來品及進口車等，同樣於事無補。

上述例證說明，干預經濟所造成的影響難以預估，因為參與者眾，變數也多。因此，政府制定經濟政策並非一件容易的事，況且，人民的消費行為也不是這麼容易操控。例如，德國人民便相當了解，今日政府增加育兒津貼是做為明日提高稅率的墊腳石。一旦政府缺錢，之前發放給人民的好處馬上就會從其他地方回收。當人民意識到這點後，自然會謹慎小心，不可能在獲得一點經濟上的好處時便爽快地花光。

不過，這也不表示政府對經濟問題束手無策，毫無施力之處。如果國家不受債務控制，經濟政策上便能有更多的選擇，並且也能在不提高稅率、不舉債的狀況下，增加政府支出。由此看來，目前所實行的撙節支出以降低國債，是個可行的政策。

至於國家面臨的另一大難題，也就是失業問題，政府可以採取降低工作職位成本的方式，也就是說，降低國家從薪資中所扣除的各項費用，以增加工作機會，減少失業人口。除此之外，德國失業者多半教育程度偏低，這也代表德國有不少人尚未接受良好教育。若從此觀點著手，便意謂著各級

學校必須加強輔導，使學生能正常學習，並減少輟學發生。就算在經濟蕭條時期，教育程度較高者也仍然擁有較好的發展機會。此外，遭解僱而失業的人，如果能擁有足夠的補助，也不至於馬上淪落。失業者的三大補給資源便是知識、技能，以及態度，其中的「知識」這一項，便屬於國家必須負責的範疇。

是誰決定我們的薪水？為什麼不可能人人均富？ 生活就是一門經濟學

6

世界是座大金庫
Die Große, weite welt

新一波經濟革命

經濟絕不單調無聊，就像企業不可能輕輕鬆鬆就把商品販售出去，不是所有事情都抱著船到橋頭自然直的心態，任其發展就好。企業每天都要面臨眾多問題，包括消費者喜新厭舊、要求更好的商品；或是競爭對手推出嶄新的商品或服務；又或是國外商家提供了更便宜的類似商品等等。

這個世界無時無刻不在變動，就歷史發展而言，經濟不僅充滿了跳躍式的變化，連外在也徹底改變。而說到影響人類經濟活動最重要的歷史事件，則非工業革命莫屬。工業革命首先發起於18世紀末的英國，隨後擴展至西歐及北美各國。造成工業革命的主因，則是工廠的興起。當時，工廠漸漸在經濟生產中取代了傳統的手工製造，為人們的生活帶來翻天覆地的巨大變化：工廠不僅提供市場驚人的商品數量，也吸引許多人從鄉村遠道而來，新興城市於焉形成。

工業革命首先出現在紡織業，接著是冶鐵業，最後連帶促成鐵路與輪船的發明，使交通運輸系統產生了革命性的變化。

世界不斷地改變，革命也不斷地發生。實際上，整個世界目前便處於一個革命性的變化之中。這個革命性變化肇始於1990年代，至今仍持續進行。由於尚未找出一個合適的通稱來對應這個革命性變化，因此只能以關鍵字做部分形容：網路、無線通訊、全球化、委外[1]。

所有這些變化都顯示出一個共同的特性，亦即「生產」

---

1 譯注：意指將生產轉移至便宜的貧窮國家。

是誰決定我們的薪水？為什麼不可能人人均富？　生活就是一門經濟學

本身不再像從前那麼重要，從企業的角度來看，「銷售」才是決定性的關鍵能力。

這個革命性的影響，可分成三大潮流來看，即是：網路革命、全球化以及品牌世界的形成。這三大潮流並非獨立現象，而是相互關聯、交互影響，共同造成了社會經濟的急遽轉變。

1. 網路出現，改變產業生態

直到1990年代，青少年聽音樂還是以錄音帶及唱片為主。然而今日，這些產品已經非常少見，英國甚至有商家拒絕販賣錄音帶或唱片。接下來，我們可能很快也要告別另一項商品：光碟。更精確地說，是音樂光碟。再見了，音樂光碟——這個1981年才出現於市場上的商品，至今不過30餘年，卻已成為夕陽產品了。

音樂光碟銷售狀況愈來愈差的原因很明顯——當音樂可從網路免費下載時，誰還會想花錢買音樂光碟呢？還不如買張空白光碟片，自己燒錄下載的音樂就好。或者，朋友下載的音樂，也可以經由電腦複製，讓自己共享。雖然這種行為大半時候違法，但有時也是合法的。現在，年輕人所聽的音樂，更常直接從iPod或智慧型手機下載。

這個潮流對音樂工業產生了莫大的威脅。畢竟，音樂工業至今仍靠著銷售旗下歌手或音樂家所錄製的音樂光碟來賺錢。許多音樂公司因此陷入困境，最後只好接受音樂光碟銷售慘澹的事實，並大量裁員。不過，經過長時間的裹足不前，

這些公司也終於開始架設網站平台，提供消費者下載音樂的服務，不過市場好景不再，生意大不如前。

弔詭的是，今日的年輕人比過去聽更多的音樂。至少我的觀察是如此，沒看到今日的年輕人耳裡大半時間都塞著耳機嗎？

雖然先進的網路科技的確造成許多舊產業的崩壞，不過同時也造就出不少新興產業，像是德國音樂網路雜誌《Tons-pion》便專門提供樂迷免費下載音樂的合法網路連結。就連蘋果也靠專屬的數位媒體網路商店iTunes，賺進了大把的鈔票。

伴隨舊產業的沒落，即是新產業的興盛，這也就是科技革命所產生的典型現象。

如今，面臨網路科技衝擊的產業更多，例如網路電話的興起，便將德國電信公司等傳統固網電信業者逼到了死角。網路電視更是挑戰了傳統電視公司的節目時段分配，如今，觀眾既然可以在網路上自由選擇節目，還可以隨時觀賞，又何必受制於電視台的播放時間？此外，網路同樣也為郵購交易帶來革命性的變化，印刷精美的產品型錄不再流行，取而代之的，是像Amazon或eBay這類線上交易網站。人們不再為了轉帳而跑銀行，只要透過網路銀行即可自行操作。現在更有愈來愈多的人，直接在電腦或手機上閱讀新聞。

面臨網路科技巨大衝擊的，還包括傳統百科全書的出版業者。今日，德國許多家庭的書櫃上仍擺有一套24冊或30冊的《布羅克豪斯百科全書》（Brockhaus），就像英國家庭

常見的《大英百科全書》(*Encyclopaedia Britannica*)一樣。長年以來，這兩套百科全書深受大眾喜愛，雖然每套售價皆超過2,000歐元，極為昂貴，但出版商仍然獲利甚多。只是好景不常，英國首先出現了危機。就在記憶光碟(CD-ROM)上市後，微軟總裁比爾・蓋茲推出了一個名叫Encarta的新產品，將所有百科全書的內容壓縮成一張光碟片，從此，人們即可輕易地隨身攜帶百科全書。

自1990年起，大英百科全書損失了近80%的營收。比起傳統紙本式的百科全書，壓縮成光碟片的數位百科全書不僅便宜，更是輕便，對消費者而言，自然具有更大的吸引力。但是，數位革命仍在持續當中，下一波打擊則來自於網路，亦即維基百科(Wikipedia)的出現。

維基百科是架設於網路上的公開百科網頁，參與撰寫者皆完全自願自發，並採取共同撰寫的模式；且因架構開放，無時無刻不在修正改進，因此內容持續增加，日新月異。除此之外，維基百科還有一個最大的優點，就是免費。如此一來，誰還願意花錢買磚頭書回家放？在新科技的衝擊下，市場結構已完全改變，誰又能預料布羅克豪斯或大英百科這些傳統百科全書出版社，日後該去何從？

在這波變動中，最令人側目的就是驚人的速度。如今Google這家網路科技公司幾乎無人不知、無人不曉，然而其公司歷史至今不過十餘年。據資料顯示，2007年7月16日，Google的公司總資產額已經高達920億歐元，而成立已逾百年、生產賓士車的德國戴姆勒集團在同一天所發布的公

司總資產額，也不過才720億歐元。

這樣的變化是好是壞？就像人生一樣，在動盪與變化之中，總是有人獲利，就有人虧損。這波先進科技改革所帶來的最大陰影，便是服務於過時科技產業的從業人員，他們突然面臨了減薪甚至失業的危機，畢竟，社會不再需要這些產品或服務了。例如德國電信，這個從前在全國電話通訊事業執牛耳之企業，便面臨了莫大的競爭威脅，他們因此不得不設法與員工達成協議，在不裁員的大前提下，讓5萬名員工減薪並增加工時，共度難關。

此外，當各個市鎮失去了在地的中小企業公司，也會隨之出現不少難題，像是失業人口增加、地方政府稅收減少等。先撇開現實利益不談，在地企業的消失，也代表了地方失去部分的歷史傳承，而傳統的消逝，總是令人感傷。

不過，正如俗話所說，舊的不去，新的不來，新的電信公司及新的網路服務業者，同樣會帶來新的工作機會。而且，當消費者想安裝電話時，也出現了多種選擇，一家公司壟斷市場的局面不再。此外，新科技帶來的便利更是無遠弗屆，如今，誰不享受四處皆可收發電子郵件，或上網便可查詢各式知識的便利呢？

2. 全球委外風潮

或許有人會問，全球化算是新潮流嗎？歐洲上古時期的希臘人、腓尼基人及羅馬人，不都早已駕著商船往返全世界？確實沒錯，別忘了，400年前在荷蘭和英國出現的股份

有限公司，也已經在亞洲和美洲進行國際貿易了。

　　況且，數十年來，國際間的貿易也愈來愈頻繁，幾乎所有德國大企業在國外所賺得的利潤皆大於國內。更不用說，幾乎所有德國人都已習慣購買舶來品，只是不自知而已，就像超市裡的柳橙，鳳梨，甚至大部分的葡萄和蘋果，MP3隨身聽、電腦及各式家具，都早已不再是德國本地生產的了。

　　雖說如此，國際貿易在近10到20年間，還是產生一些變化。這個變化的開端，始自於某些大企業關閉了位於西歐及美國的工廠，轉至東歐或亞洲設廠。這些工廠的商品生產流程通常很簡單，就是一些牛仔褲縫合之類的工作。而當地勞工就跟從前在富裕國家中的勞工一樣，就算是毫無經驗的生手，也可以很迅速地學會，唯一不同的，就是當地勞工的工資極為低廉。

　　緊接而來的下一個階段，則是整個產業的消失。從前，像電視、收音機及電唱機等產品，多半都是德國企業製造生產，如今，這些電器產品主要皆來自亞洲，就連電腦、印表機等都是。

　　在日本及韓國相繼打敗歐美等國，晉身於工業國家之列後，今日歐美企業所面臨的最大敵手則是來自印度及中國。就連專業服務業者，都有不少來自國外的競爭，特別是印度。

　　以報稅為例，每年報稅季一到，所有有收入的成人，都必須向國家財政單位申報一年所得，根據個人所填寫的資料，國家才能計算稅收。而報稅並非一件容易的事，許多人都會交給專業的稅務代理人計算申報。根據統計資料顯示，

在美國，現在有超過50萬人將報稅一事交給印度專業公司
代理。

除去報稅，科技產業也一樣。許多西歐企業使用的電
腦程式，皆交由東歐或是印度的專業人員設計撰寫。醫療服
務產業的例子就更多了，德國人遠至波蘭看牙補牙，美國人
則前往巴西或墨西哥進行整形手術，而美國許多醫院甚至將
病人的X光片由網路傳至印度進行評估判讀。這一切原因無
他，就是因為便宜。

另外一個常見的委外服務，就是英文稱為call center的
電話客服中心。透過電話客服中心，企業可以收到顧客訂
單，或提供客戶產品技術支援等服務。只是，企業所提供的
電話號碼，通常是轉接至國外的。例如，撥打德國漢莎航空
（Lufthansa）所提供的客服中心電話，接聽者可能是土耳其伊
斯坦堡（Istanbul）電話客服中心的雇員。在美國，若是電腦
出問題，撥打電腦公司的客服中心電話，接聽者通常是位於
印度的公司雇員。

除了服務部門之外，從前某些被視為絕不可能出走的
企業部門，如會計部門等專門計算並記錄公司採購、生產成
本，及銷售商品所獲得的利潤等單位，或是專門研究開發新
產品的研發部門，也都出現了外移的現象。

這種企業部門的外移，歸根究柢，就是勞動分工的進化
版，亦即將生產過程細分成各個步驟，且盡可能在每一步驟
壓低成本。將製造過程分工至全球的典型例子，便是生產電
腦的美國戴爾（Dell）公司。

全球化生產：以戴爾公司為例

以下這個例子取自美國記者湯馬斯・佛里曼（Thomas L. Friedman）所撰寫的暢銷書《世界是平的》（The World is Flat）。

佛里曼打電話給戴爾公司，訂購了一部筆記型電腦，並請對方告訴他，這部筆記型電腦究竟是在何處生產製造的。在這裡，我必須先簡介戴爾公司：戴爾公司成立於1984年，是一家頗具特色的企業，其生產的電腦直至2008年才在實體商店裡販售。長久以來，顧客購買戴爾電腦的方式都是先看過廣告型錄後，再打電話或透過網路跟公司訂購，而公司接到顧客訂單後，才會開始動手組裝電腦。

這種銷售方式非常特別，一般公司，不管是生產汽車、毛巾，還是MP3隨身聽，都是先生產產品，接著再期望能將產品賣出去。戴爾公司卻是先等顧客確定訂購後，才動手組裝產品。這種反其道而行的方法之所以能夠成功，需要的是一個完善的電腦系統來支撐。藉由這個系統，顧客一旦下單訂購，戴爾公司分布於全球的工廠及倉庫經理，馬上就知道該進行哪一步驟，並且可相互協調，絲毫不亂。

根據佛里曼的描述，當顧客於美國戴爾公司訂購一部筆記型電腦後，最遲一個半小時內，距離美國2萬公里遠、位於馬來西亞的某個高架儲存倉庫，便會開出一輛貨車，將訂單上所需之零件送達工廠，交由工人進行組裝。

至於電腦中各式零件的來源，雖然難以一一詳究，不過大約可概述如下：通稱為CPU的微處理器來自英特爾公司（Intel），生產地則可能是哥斯大黎加、菲律賓或是中國；通稱為RAM的電腦記憶體則可能是德國英飛凌（Infineon）公

司的產品，或是來自韓國的三星（Samsung）；顯示卡來自中國；散熱器則是台灣；螢幕可能在南韓、日本或是台灣製造；記憶卡則來自馬來西亞或是以色列，諸如此類。

戴爾公司告訴佛里曼，他所訂購的筆記型電腦，包括上下游製造廠商，共約有400家企業參與製造。如果毫無意外，一切按部就班，從顧客訂購到收到貨品，只需5天時間。

聽起來的確驚人！但另一個疑問也同時出現了，如此一來，戴爾公司仍可以算是電腦製造業者嗎？是的，戴爾公司仍算是電腦製造業者，不過，這個公司最使人感到吃驚的，還是它調配匯集全球供應商的能力。

戴爾電腦的例子，顯示出這一波新型經濟的發展特色如下：（1）較貧窮的國家，一樣有能力製造及提供可靠的高技術產品；（2）先進的資訊科技使空間距離不再成為問題，企業總部隨時能夠監控遠在他方的工廠；（3）對飽受威脅的富國企業而言，戴爾公司是一個最好的例證——只要能夠妥善運用世界各地的產品及技術，結合原本的在地優勢，仍有絕佳的成功機會。

在德國栽種柳丁、在西班牙生產汽車

從上述例證中，你已看到全球化帶來的正面影響，並了解全球化不過是分工的延續。就像在樂團裡，若每一位樂手都能熟練地演奏自己的樂器，便能合奏出優美的音樂。

不過，全球化仍有不少負面影響，最明顯的，便是造成許多社會不安。尤其是長年服務於西門子、德國電信、安聯集團等大企業的德國員工，都因此面臨了裁員的危機。因為這些大企業可能突然決定關閉設立在慕尼黑、坎普林特福爾特（Kamp-Lintfort）、法蘭克福或波昂的工廠或辦公據點，將其外移至波蘭的克拉科夫（Kraków）、斯洛伐克首都布拉提斯拉瓦（Bratislava），或是吉隆坡。搶走德國員工飯碗的，是來自企業內部所製造出的競爭對手。

從企業的角度來看，這種情況並不成問題：大企業原本就在世界各地皆有據點，並不難應付全球化的挑戰。若是設於德國本地的工廠在市場競爭下無法生存，只要由設在中國的工廠接手就可以了。

但對員工而言，事情就不是這麼簡單。尤其是對一位服務長達30年的50歲資深員工而言，當他因工作單位外移至東歐羅馬尼亞而失業，他該如何面對這個變化？他還能重新學習新技能以便轉職嗎？

全球化到底是好事還是壞事？這個問題值得進一步的探討。

原則上，沒有任何理由可以支持分工應該以國界為限。以德國職業足球為例，拜仁慕尼黑球隊只有一個目標：贏球，拿下德國甲級聯賽冠軍，獲得「德國足球大師」（Deutsche

Fußballmeister）的封號。在以成功為唯一的前提下，拜仁慕尼黑將四處尋找最佳球員加入球隊，無論是守門員、後衛、中場及前鋒球員，皆必須是一時之選，至於球員來自何處，是義大利、法國、巴西，或是德國慕森加柏，皆不在考慮範圍內。全世界一流的職業球隊都是如此，以國籍來設限的隊伍，很難脫穎而出，名列前茅。

分工，同時也代表交易行為的發生。因為，如果想得到自己無法製造生產的產品，就必須付錢購買。不過，這樣的交易——亦即分工——有可能限制於國界以內，且不致傷害國內企業嗎？關於這個問題，我將以下列例子來說明。

西班牙柳橙很好吃、德國汽車性能良好，而無論西班牙人或德國人，都希望能同時享受柳橙的美味，並擁有一部好車。由於兩國人民皆善於發揮己長，因此，不管西班牙人或德國人，都可以享受彼此辛勤工作的成果。

假設，某天一位德國政客突然想到，如果德國可以自己種柳橙，就不必再從國外進口，這樣還能創造工作機會。於是，德國通過一項法令，從此不准再從西班牙進口柳橙到德國。而廣闢柳橙果園的做法，也的確使得某些失業者找到工作。

只是，德國氣候並不適合栽種柳橙，成長期太長，收成又差。況且，由於德國人工昂貴，幫忙採收的德國工人工資也高。結果就是，超市得以販售柳橙的時間延後了，且因陽光不足，比起西班牙柳橙既小又酸。再來，因為所有德國柳橙生產條件都一樣，缺乏競爭，所以價格昂貴。

是誰決定我們的薪水？為什麼不可能人人均富？ 生活就是一門經濟學

最後，第一線的消費者是頭號輸家，因為他們必須付出更高的價錢，買下品質更差的產品。接下來，消費者因為買了變貴的柳橙，必須在其他方面省下來，例如少看一場電影，或少上一次理髮廳等，這些商家因顧客減少而少賺了錢，成了第二號輸家。此時，事情尚未結束，西班牙的柳橙出口商一樣很傷心，因為失去了德國訂單，生產過剩的柳橙必須賤價拋售，少賺許多錢，是第三號輸家。而因為少賺這筆錢，便無法購買新的德國汽車，只好將換車計畫延後。這樣一來，製造汽車的德國車廠，變成第四號輸家。

　　這個例子雖然極為簡單，不過至少已經點出了類似的經濟限制政策，可能造成的影響。

新興市場經濟體崛起

這波全球化還產生了一個很重要的結果，便是造就了中國、印度、巴西等國的崛起。尤其是中國，近20年來經歷了重大的轉變，早已躋身於工業國家之列。中國製造不再局限於塑膠玩具、便宜收音機，或各式廉價商品，在許多產業中，中國已是傳統工業大國的競爭敵手。中國經濟迅速成長，也使人民消費力大增，上一代中國人無法且不敢想像的產品，如汽車、國外旅遊或是布置時尚的家居環境等，對年輕一代的中國人而言，已是家常便飯。中國中上階級的強大購買力，也同樣造福了許多其他國家的企業。特別是當美國與西歐各國接連陷入經濟風暴時，世界上仍有人繼續強力消費，還真是一件好事呢。

你買的是品牌？還是商品？

一件耐吉或愛迪達的T-shirt，價格可能是普通無品牌T-shirt的10倍，但為什麼許多年輕人仍然趨之若鶩？正如前面所提到的，價格低廉並非產品熱賣的唯一關鍵，若消費者認為某個產品形象很酷很潮，無關價格高低，產品一樣可以大量銷售出去。無論是耐吉、愛迪達、紅牛、可口可樂或是iPod，這些商品的共同特徵就是品牌知名度極高。幾乎全球所有消費者都認識這些品牌，這些廠商所推出的產品就是品牌產品。不過，品牌知名度並非自然形成，而是廠商不惜砸下重金，透過廣告短片、平面廣告，及大型廣告海報等宣傳方式強力促銷產品的結果。

就以紅牛為例吧，今日揚名全球的紅牛品牌，是一家奧地利企業所創，總部設於福煦湖畔的福煦小城（Fuschl am Fuschlsee）。2006年，紅牛飲料的全球銷售總額高達26億歐元，你可能會問，26億歐元到底有多少呢？想像一下，假設你每天可以領1,000歐元的零用錢，全部領完約要7,100年。

據紅牛老闆所稱，公司每年砸在廣告及行銷上的支出，超過9億歐元。也就是說，公司花在廣告上的錢，很可能比在產品製造上要多許多。紅牛飲料的成分無非是水、代糖、糖、酸度調節劑等，原料價格絕對不可能昂貴到哪裡去。而廣告的目的，不僅是為了打開飲料知名度，更是要使紅牛飲料成為熱門產品，使消費者認為購買或飲用紅牛飲料會產生幸福快樂的感覺，並進一步認為，為了這種感覺，多花些錢也是值得的。

紅牛能量飲料質感黏稠、味道甜膩，嘗起來像是液體版的小熊軟糖。它讓年輕人趨之若鶩的原因無他，就是流行。為什麼紅牛可以創造流行？紅牛又是如何變酷變潮？

　　紅牛成功的祕訣，在於其產品成功地與許多乍看跟飲料無關的大型活動掛鉤。紅牛公司每年花費大筆金錢贊助各種高危險運動比賽，例如，參加一級方程式賽車（Formel1），或是舉辦紅牛飛行大賽（Red Bull Flugtag）。紅牛飛行大賽通常於岸邊舉行，參賽者必須使用自製的飛行裝備，從斜坡下衝至水面。誰能維持最遠不落水、裝備最有創意，且表演精彩，便可獲得冠軍。

　　此外，紅牛也贊助德國一年一度的愛之大遊行、設立電影替身特技獎、舉辦皂飛車大賽和風箏衝浪競賽，近年來甚至活躍於足球界。尤有甚者，紅牛還現身於電影大銀幕，在《瞞天過海2》（Ocean's Twelve）裡，出現在巨星布萊德・彼特和喬治・克隆尼身邊。

　　極限運動、愛之大遊行，再加上布萊德・彼特，這一切聽起來充滿刺激、百無禁忌、既酷又潮，完全符合年輕人所追求的生活形象，因此他們願意掏錢購買產品。這就是紅牛公司的行銷策略。而事實證明，這是一個相當成功的策略，至少從標價可以證明：一公升的紅牛飲料價錢是可口可樂的3倍，而可口可樂比起其他競爭敵手，已經不算便宜了。

　　所有成功的品牌都給消費者一種非買不可的感覺。就像愛迪達一樣，雖然早年風光一時，但之後消費者便對它失去了新鮮感，不再引人注意，變成落伍無聊的商品。直到

1986年，美國饒舌嘻哈樂團Run DMC推出一首名為〈我的愛迪達〉（My Adidas）的單曲，歌中主角則是愛迪達70年代所推出的「明星」（Superstar）運動鞋款。這首單曲膾炙人口，深受全球年輕人喜愛，甚至有人宣稱，球鞋不綁鞋帶的穿法，便是由Run DMC主唱所帶起的風潮。

在這首單曲造成旋風之後，愛迪達即與樂團簽約代言廣告。這首單曲對愛迪達來說意義非凡，從此，愛迪達搖身一變，擺脫落伍無聊的形象，成了新鮮刺激的代表，就像饒舌嘻哈歌曲一樣。透過廣告代言，饒舌歌手的形象首先轉移至愛迪達品牌，再轉移至購買者身上。

另一個運動品牌耐吉，則是找小羅納度代言。廣告一開始，只見小羅納度拿到一雙新的耐吉球鞋，脫掉舊鞋穿上它，開始以腳控球，保持球不沾地。緊接著，他連續四度將球踢向球門門框，再彈回腳上繼續控球，最後，片尾再補上最後一球。在這部廣告中，小羅納度展現了神乎其技的精準球技，讓所有踢足球的人，無不希望自己能像他一樣。看了這個廣告，觀眾會生出一種感覺，彷彿只要穿上小羅納度腳上那雙球鞋，就能離這個希望近一些，進而掏錢買下球鞋。

不過，不是所有知名品牌都很酷很潮，像德國面紙品牌Tempo，或是德國洗滌劑老牌寶瀅（Persil）、萬寶路（Marlboro），或是Uhu膠水，這些產品既不潮也不流行，但是品牌帶給消費者某種保證。例如，Persil洗衣粉就是值得信賴的高品質產品，在德國曾推出膾炙人口的廣告詞：「因為你知道，你有什麼。」（Da weiß man, was man hat）而這句廣告詞其

實適用於所有品牌產品，消費者只要看到品牌名稱，便知道是什麼東西，不必花時間考慮，品牌帶來保證，一種值得信賴的感受。

還有，麥當勞也是一個無人不知、無人不曉的知名品牌，代表一種無須餐具、不必講究餐桌禮儀，充滿現代感的飲食方式。全球麥當勞都一樣，提供迅速上菜的餐點服務。各地麥當勞食品口味還相當一致，只有印度和日本例外，大概是這兩個國家的消費者還無法接受美式食品的口味。

而就美國人的角度來看，世界各地的麥當勞也提供了離鄉在外的遊客品嘗家鄉風味的可能性。

再舉品牌服飾 H&M 為例，這個來自瑞典的知名服飾企業，全名為 Hennes & Mauritz。而 H&M 這個品牌所指涉的對象，並非商品，而是企業。就像我的女兒宣稱，消費者一眼就可以認出 H&M 的襯衫、褲子或毛衣，因為它旗下產品有類似的風格，並且給人走在潮流尖端的感覺（我的女兒還透露一個祕密：H&M 服飾版型比起其他品牌較為寬鬆，使女性顧客有變瘦的錯覺。但胸罩尺寸則正好相反，這種做法也取悅了不少女性顧客）。

在 H&M，每3週便推出新 T-shirt 或褲子的設計，全球各大分店幾乎每天都有新貨上市，因此也促成了品牌粉絲們每日造訪的現象。而且，H&M 產品價格還相當平價親民，在德國一件 T-shirt 不到5歐元，牛仔褲則不到20歐元。消費者只要一看到 H&M 的品牌標籤，腦中馬上浮現所有 H&M 廣告宣傳的特色，這也是企業在廣告宣傳方面投下重

金所獲得的成果。

　　H&M成功結合了兩大優勢：一個既酷又潮的企業形象，外加親民價格。實際上，T-shirt造價極為低廉，現今生產過程幾乎完全不需人力，全靠機器完成。一旦機器生產超過百萬件T-shirt後，製造成本更是微乎其微。而一個貨櫃可以裝進上百萬件的T-shirt，分攤下來，一件T-shirt的運費更是寥寥無幾，因此就算加上運輸成本，還是非常便宜。對H&M這些大型連鎖廠商而言，T-shirt進貨的價錢更是低廉，同時因為訂單數量極為龐大，對生產T-shirt的製造商而言，也是一筆相當有保障的生意。

　　既然T-shirt或褲子等大宗產品的生產成本低得不值一哂，品牌企業大部分的資金便不必花在生產成本中，而是投注在行銷廣告上。

比一般牛仔褲貴100倍

一件品牌商品的標價，除了商品本身的價值外，還要加上消費者感情的投射，因此品牌商品通常也就較為昂貴。在德國，平價超市所販賣的牛仔褲，一件可能只要12歐元，但經典牛仔褲品牌Diesel，則是它10倍的價格。不過，還有更貴的牛仔褲，例如名牌牛仔褲7 for all Mankind，其價格是廉價牛仔褲的100倍。這個昂貴的高級牛仔褲品牌首先出現於美國洛杉磯，設計師宣稱此牌牛仔褲具有托高臀部、修飾雙腿的功能，能使身材看來更為修長。因此不少好萊塢女星，如妮可・基嫚、卡麥蓉・狄亞和葛妮絲・派特洛等，皆紛紛購買此款名牌牛仔褲，而穿在女星身上的牛仔褲，隨著明星們的照片出現在各大報刊雜誌上，也連帶聞名於全世界。不久之後，許多女性消費者便都想要擁有一件7 for all Mankind的牛仔褲了，穿上它，彷彿就能像好萊塢女星一樣與眾不同。為了這種特殊的情感，消費者願意多付出昂貴的高價。

然而，品牌帶給消費者的感覺，不過只是像童話般虛幻，再美的廣告詞，都是廠商創造出來籠絡消費者的。當時間不斷流逝，潮流也不斷改變，如今昂貴牛仔褲價格下跌，品牌日漸遜色，光輝不再。

歡迎來到品牌世界

這是一個相當嚴肅的問題。大家必須捫心自問，在消費一事上，我們是否真能自主？是否真能理性思考，並具抵抗力？

在思考這個問題時，你可以先問問自己：是否常被廣告及行銷策略左右，而做出後悔的決定？日常開支是否常超出自己所能負擔的範圍，而且不只是超出一點點，而是很多？穿上平價衣物或使用地攤貨時，是否會在意別人嘲笑的眼光？

對上述問題皆答「是」的人，可能就有麻煩了。

雖說要抵抗各式誘惑，需要強大的抵抗力，不過事實證明，經歷種種試煉之後，心志會變得更堅強。就像手機剛問市時，許多年輕人比以前更容易陷入負債的窘境。但是調查顯示，近年來年輕人使用手機已較節制，也更懂得如何控制開支了。

年輕人，從來不笨。

7

我的國家有錢嗎？

Reiche Länder, arme Länder

由於一切看似理所當然，我們有時會忘了自己有多麼幸福。生活在富裕的國家，生病了可以找醫生治療；覺得冷可以開暖氣，炎熱時有涼風吹拂；口渴時打開水龍頭就有自來水，或者到街角的便利商店買瓶飲料；餓了可以自己做三明治或煮義大利麵；無聊時有電視、網路、MP3隨身聽，還能玩PS遊戲機打發時間。

而且我們還有貧窮國家的兒童所沒有的優勢，那就是接受教育。每個人都必須上學，雖然這聽起來頗令人厭煩，不過，可以上學的確是非常幸運的事。因為無論在世界何處，有高學歷的人總是富有得多，教育可說是脫離貧窮的一大利器。

本章的主旨並非要告訴大家德國有多麼完美；實際上，德國一點都不完美。但世界上仍有90％的國家，都希望能與德國互換經濟情勢。

為什麼世界上某些國家如此貧窮？這是個相當複雜的問題。每個國家的歷史背景也大不相同。許多學者以此進行專題研究，試圖歸納出貧窮國家共有的特質。以下是他們的研究結果。

1. 民主不一定富裕, 獨裁不一定貧窮

政治是其中一個因素。閱讀本書的你，可能生活在民主政體中，屬於全球人口的少數。以過往歷史經驗來說，民主政體確實具有強大的優勢，就如瑞典歷史學家約翰・諾爾貝格（Johan Norberg）所宣稱：「饑荒從未出現於民主國家。」

這種說法乍聽雖然驚人，但其實有理可循：民主國家的執政者必須顧慮人民的想法，否則無法連任。這並不是說民主國家的執政者就不會做出錯誤的決定，而是他們至少必須顧慮人民的觀感。獨裁政權則不然。對獨裁者而言，人民的感受一點都不重要，重要的是軍隊和情報機構，有這兩者的支持，才能鞏固政權。至於改善大多數人民的生活，並不能帶給獨裁者任何利益，畢竟人民也無法藉由投票罷免讓獨裁者下台，只能等他死亡，或是發動政變驅離。

當然了，上述是簡化的說法。在繁榮的民主國家和凋敝的獨裁國家之間，還有一種國家型態叫做城邦國家，如新加坡。在新加坡，人民雖然有投票權利，但卻不能自由公開表達意見，無論口說或是書寫都不允許，就連集會結社也相當困難。因此，新加坡並不是歐美國家所定義的民主國家。不過，新加坡相當富裕，政府的執政方式有如大企業的管理模式。該國各級公職人員皆有良好的教育背景，並且秉公廉潔，各大專院校也極為優秀。面積小的國家容易凝聚全民力量，共同為一個目的奮鬥，而新加坡人民唯一的目標即是經濟發展。

2. 自由市場更能賺錢

獨裁者常有自我膨脹的毛病，以為自己無所不知、無所不能。舉例來說，1960到70年代的某些非洲獨裁者認為自己深諳糧食分配之道，下令國家境內所有農民將收成低價賣給政府，由政府負責糧食分配。由於非洲國家多半貧窮，政

府收購價格也極為低廉，使得農民失去努力耕作的動力。而強行實施低價收購的結果，卻只是讓農民更加貧窮，或設法將收成送往黑市買賣。

政府自認為比市場機制聰明，因此禁止自由市場。但自由市場的一大優點是，只要商人能夠推出符合市場需求的產品，即可獲得報酬。這是自由市場內建的獎勵機制，能促使商人想方設法滿足消費者的需求。

打壓與獎勵一樣，皆會影響人類行為。倘若努力提高作物產量或推銷出更多產品，卻不會帶來任何利益，人們自然意興闌珊。富裕國家的人民大半致力於買賣交易，設法推出別人可能感興趣的商品，希望藉此獲利。人民賺錢，國家自然富裕，這便是經濟的真諦。貧窮國家的人民則難以透過交易獲利，因為缺乏驅使他們勤奮工作的紅蘿蔔。

3. 私有財產的重要性

在富裕國家，農民通常會使用聯合收割機以便快速收獲作物。購買收割機的費用則來自於銀行，不過農民必須簽訂一份合約，倘若無法償還債務，銀行便可取得部分土地做為補償。對銀行來說，這麼做是必要的：如果農民破產而無法償還貸款，那麼銀行就能出售土地，收回當初借貸的款項。

銀行的做法聽起來殘酷且不近人情。但若無這項保證，銀行就不會借錢給農民，農民也沒有可供應急的資金。農民取得貸款後，得以購入農機設備、架設灌溉系統或是肥料；如果一切順利，這些將有助於提高收穫，讓農民賺到更多的

錢。待清償貸款，農民還可利用剩餘的資金拓展規模，或者用來改善生活。

至於貧窮國家的農民，立基點則大不相同。南半球國家的農民往往無法獲得貸款，因為耕作的土地多半不屬於自己。富裕國家的農民自有土地的情況，在世界上許多地方仍不普遍。非洲農民耕作的農地多為國家所有，也少見互訂書面租賃契約。其他貧窮國家則由富有的大地主把持農地，他們寧可任其荒廢，也不願釋出給小農耕種。

擁有房屋、土地等不動產財產權與否，是向銀行貸款的重要關鍵。來自發展中國家祕魯的經濟學者赫爾南多・德・索托（Hernando de Soto）[1] 發現，人民缺乏基本財產權及法律的保障，是窮國無法翻身的主要原因。據索托調查顯示，在祕魯，要獲得不動產產權必須通過52個行政單位，共207道手續的層層關卡；在埃及，註冊土地則需耗時5到15年之久。

畢竟只有極少數人才有這樣的時間與精力，大多數人根本無法花上5年時間處理土地註冊，卻什麼事都不做。每天都得工作賺錢，而沒有證明文件，自然無法獲得任何貸款。

而無法貸款不只是農民蒙受損失，農機廠商和銀行亦然。農民無法自由調度他的資本：土地，造成農業、農業機械及銀行等三方產業萎靡不振。因此，索托認為，如果農民擁有行使管理土地的權利，窮人可能並不窮。索托提出僵化

1　譯注：索托為「自由與民主學會」（Institute for Liberty and Democracy）主席，該會被《經濟學人》雜誌評為全球第二的重要智庫。

資本（dead capital）[2]的說法，他推算這相當於9兆2,000億美金，超過自1945年來，貧窮國家自已開發國家獲得的援助金額。

由此，可以知道擁有穩定的所有權制度相當的重要。

4. 失能的官僚體制

假設有個非洲農民排除萬難籌足了資金，準備架設灌溉系統。原本他計畫使用柴油幫浦汲水，但後來發現柴油取得不易，於是考慮採用電動幫浦。不幸的是，國家電力公司拒絕供電，因為他──就跟世界上其他40億人口一樣──沒有正式地址。對電力公司而言，要驗證客戶的身分及住所，必須付出額外的成本。

不少富裕國家的人民都對戶政事務所沒有好感，因為它代表著煩人的文書表格。但對貧窮國家的人民來說，擁有運作良好的戶政單位，卻是個遙不可及的夢想。這些國家通常缺乏制度，無法提供人民安心從事經濟活動的環境。他們欠缺執達員，代為根據合約催收欠款；沒有地政機關詳載所有權資料，妥善保存並防止篡改；甚至沒有伸張財產權的權利。

這些國家未能享有官僚體制的優點，卻嘗盡惡劣官僚的苦頭。貧窮國家的官僚組織之龐大，更甚於富裕國家。官員藉由冗長的行政程序來鞏固自己存在的價值，並嚇阻人民對

2 編注：僵化資本是指資產無法轉化為資本的狀態，例如土地產權未能釐清、房屋產權未能合法登記等不受法律規範與保護的情形，多發生於開發中國家與共產國家。

體制提出要求，就連申請成立企業亦然。

他們這麼做，是為了保住自己的工作。對出身窮困的政府官員來說，成為一名領取固定薪資的公務員，是人生一大成就。然而極微薄的薪資，也導致他們必須另闢收入來源。根據國際透明組織的調查，貧窮國家貪污腐敗的情況尤其嚴重。

5. 貧窮國家為何打不進主要市場？

假設上述農民並未被外在的惡劣條件打倒，且收穫頗豐。他一定希望將農產品銷售至國外，如此抬升價格的可能性也就愈大。但周遭只有一位收購農產品的經銷商，其他經銷商都遠在好幾天的路程之外，而路途不僅顛簸，還有安全上的疑慮。撒哈拉沙漠以南的國家只有2%的人口擁有電話，這位農民並不屬於幸運兒之一，因此也無法藉由電話詢問及比較各地的收購價格，增加他與經銷商談判的籌碼。

經濟學家李卡多‧郝斯曼（Ricardo Hausmann）[3] 指出，落後的經濟發展與遙不可及的市場有密切關係：沒有良好及安全的公路建設，就沒有貿易；沒有貿易，國家就不可能富裕。

舉例來說，把一個標準貨櫃從美國西岸運至非洲象牙海岸約需3,000美元；但相同的貨櫃從象牙海岸運至非洲內陸，卻要價16,000美元。貨櫃運輸非常重要，因為所有商品都必須以貨櫃運送。倘若運輸費用過於昂貴，經銷商也就

---

3 譯注：國際貨幣基金（IMF）前首席經濟學家，現任哈佛大學經濟學教授。

很難找到中盤商買下貨櫃裡的商品。買賣無法帶來利益，雙方便自然放棄交易。

另一個阻礙窮國進入主要市場的因素是富國針對窮國產品的關稅政策。以糖業為例，所有自非洲及南美洲出口至歐洲的糖，都必須面臨歐盟所制定的高關稅，這使得窮國難以進入歐盟市場。同時，歐盟又提供德國甜菜製糖工業不少優惠，使其得以在歐盟地區以低價販售，比起第三世界的產品可說占盡了優勢。

就歐盟糖業市場而言，自由市場已不存在，這對貧窮國家相當不利。因此，不少經濟學家呼籲取消關稅制度，使貧窮國家能有更多的機會。然而，反對取消關稅的從政者也不少，許多歐洲從政者便認為取消農產關稅會使德、法兩國農民陷入破產窘境，連帶使他們失去選票。

據國際發展及援助組織樂施會（Oxfam）調查顯示，開發中國家每年需支付的關稅高達1,000億美元，是他們自富國獲得的援助金及捐款總額的2倍。從這點看來，這個世界果真複雜難解。

6. 愈多海港愈有錢？

美國經濟學家傑佛瑞・薩克斯（Jeffrey Sachs）發現，世界上除了歐洲之外，海岸國家的富有程度是內陸國家的3倍。造成此等差距的可能原因有二：沿海國家有港口，也就有成本低廉的海運優勢，可將貨物便宜運往其他市場，賣得好價錢。而比起公路及鐵路運輸建設，建造港口相對容易，

也便宜許多。再者，海岸線較長的國家通常鄰國較少，鄰國較少意謂著戰爭的可能性較低。

當然也有例外：瑞士雖然是個內陸國家，有強鄰環伺，卻不妨礙其成為和平、富有的國家。

將地理位置及氣候視為影響人民生活的重要因素，仍深植於許多人的觀念之中。早在18世紀，法國思想家孟德斯鳩便提出可將各民族居住地區的氣候及地理因素對民族文化及性格產生的影響，列成一張表。

以自然條件來說，某些國家的確因為太熱、太冷或太潮濕而不適宜工作。相對地，以地理因素做為落後貧窮的理由，其實相當薄弱。瑞典寒冷、黑暗且冰封期長達半年之久，但該國人民擁有極高的生活水準；美國的一些城市，若無空調就難以忍受炎熱的氣候。而且別忘了，新加坡雖然濕熱難耐，卻非常富有。

7. 教育是脫貧的手段

窮人或是窮國若想翻身，教育是基本關鍵。布吉納法索是世界上最貧窮國家之一，有9成的成年人口為文盲，無法藉由閱讀獲得新知。對該國大部分人民而言，文字資源皆無意義。他們無法查閱法律規定，因而無從得知自己擁有什麼權利。他們也無法閱讀報紙或上網，因此不了解國內外正在發生的事。由於無知，他們也很容易受到剝削。

未受教育的人多半只能從事需要體力的工作，或是務農維生。相較之下，其他產業能帶來更高的報酬，好比資訊業

或是旅遊業，付出同樣的勞力，但可獲得更大的利益。

　　農民若不識字，也同樣會產生困擾：不少種子皆附有說明書，標示播種時間以及播種方式等注意事項，或者藉由氣象預報，採取因應措施。具有閱讀能力的人，可以很快接收與耕作方法、肥料、種子相關的最新資訊。由此可知，進步的最大阻礙，便是低落的教育程度。

　　從前，農民只按照上一代所傳授的方式耕種，而上一代又是向父執輩習得耕種知識。農業在60到70年代歷經重大變革之後，產量大增，這些使產業進步的新知皆是以文字形式傳播，文盲無從得知。

　　今日印度之所以能夠漸漸擺脫貧困，主要歸功於印度的電腦人才。他們為美國大企業設計軟體，協助美國公民處理報稅表格，在客服電話中心解答美國電腦公司客戶的疑難雜症，為美國醫院判讀X光片。他們之所以能夠接手這些工作，是因為在學校學習英文，並接受了良好的教育。不過，全印度仍有逾3億的文盲人口，只有部分印度人擁有這些發展機會。

8. 帶來厄運的礦產

　　擁有豐富的石油、煤礦、金礦、鑽石等自然資源的國家，表面看來非常幸運。事實上，像是沙烏地阿拉伯或阿拉伯聯合大公國的酋長們也確實過著光鮮亮麗的生活。不過，世界上礦產資源豐富的國家，其發展情況通常頗為糟糕。針對這種現象，有幾個可能原因。

豐富的礦產常常帶來戰爭。就像奈及利亞擁有豐富的石油，但內戰不斷，謀殺、綁架或監禁事件層出不窮。境內富藏石油及鑽石礦產的安哥拉，2002年才正式結束近30年的內戰，而戰爭所造成的陰影至今仍揮之不去。雖然安哥拉靠出口石油便可賺進300億美元，卻仍有70%的人民每天的生活費不到2美元。兩國的人民大多無法享有基本的醫療保健，戰爭消耗掉所有社會資源，使國家陷入貧窮。

　　另一個因素，則與貪婪有關。貪婪使人失去理智。如同一百多年前加州發現金礦時，舊金山港口停滿了船隻，水手們相偕上岸淘金。工廠失去了工人，農地無人耕作，報紙也找不到印刷工。從1848到1851年，數十萬人放下了手邊的工作，只專注於淘金，企業因此紛紛倒閉。然而真正幸運中獎的淘金客，畢竟只是少數。

　　迅速致富的機會使人離開運作良好的經濟產業，一味希冀從採礦獲取夢寐以求的鉅額收益。他們賄賂政府官員，或進入公部門控制石油探勘開發許可，或成立政黨操控國家資金。種種手段，皆會破壞經濟發展。

　　此外，這些國家的元首經常因資金充裕，提出異想天開的巨型建設計畫。像是奈及利亞砸下重金打造新首都阿布加（Abuja），或是利比亞進行的「大人工河」（Great Man-Made River）計畫。據統計資料顯示，貧窮國家中，擁有豐富礦產資源的國家，其負債反而明顯高於沒有石油、天然氣或黃金的國家。

9. 歐洲的原罪

　　許多位於亞洲、南美洲及非洲的貧窮國家，都曾是英國、西班牙、葡萄牙、比利時或法國等歐洲國家的殖民地。二次大戰結束後，殖民地紛紛獨立。由於邊界沿用殖民時期的劃分，這些獲得獨立的年輕國家，其境內的不同族群旋即相互爭奪政權，內戰於焉展開。

　　這類內戰的結果，通常是由昔日效忠殖民母國的當地軍隊取得政權。他們雖然知道如何使人民噤聲，卻不懂得讓人民參與政治，因此造就了獨裁者，並出現獨裁政權會產生的諸多問題。

　　另一方面，殖民母國往往未能保留能讓人民安心的獨立司法機關及行政機構。相較之下，昔日殖民者曾較為用心治理之地，今日發展也較順利：澳大利亞和印度就是最佳例證。

　　有些國家在脫離殖民母國長年剝削後，不願將農產品及礦產銷往歐洲。他們不再出口任何產品，也不允許任何貨物進口，這種脫離商業市場的做法，使得國家愈來愈貧窮。就像前面章節所提到的，必須自己烤麵包的外科醫生一樣，後果堪憂。

10. 發展援助

　　所謂發展援助，是指富裕國家給予貧窮國家的經濟援助，希望能藉此減輕他們的負擔。截至目前為止，富國挹注了大量金錢在經濟援助上，只可惜獲得金援的國家經濟狀況未見起色。而幾乎從未接受過國際發展援助的國家，尤其是

印度及中國，近年來則經濟大幅成長，擺脫貧困。

富裕國家所投入的發展援助計畫，的確拯救了不少人的性命，而這些提供資金的國家與組織，往往是出於仁慈。不過，就目前的發展來看，發展援助仍未達到預期效果，許多專家學者甚至認為金援會帶來反效果。

援助在某些國家產生的影響，就像礦產一樣，使某些人巧立名目以獲取金錢，例如設立地方環境保護或發展協會等組織。目前尚不清楚哪些組織是真正執行者，哪些組織只是騙錢的幌子。況且貧窮的原因錯綜複雜，經濟援助很難達到良好效果。

聯合國組織設有專門機構，關注全球食品及農業發展狀況。該機構也定期發表統計數據，說明世界上有多少人仍處於飢餓狀態：1970年，飢餓人口數為9.6億，25年後則是7.6億。與此同時，全球人口總數亦大幅增加。這意謂著今日飢餓人數較40年前已顯著減少。對抗飢餓之所以能有成效，最大的功臣在於農業技術的提升。過去50年來，糧食產量增加了一倍。特別是在亞洲地區，中國及印度已有約10億人口脫離極為貧困的狀態。

後記

我必須承認自己的確希望能靠這本書賺錢。而要達成這個願望，書就得大賣才行，倘若出版後乏人問津，我的心血也就白費了。雖然我已威脅利誘親友們掏錢買書，但這顯然不夠。因此，我在下筆時盡量生動，並且用簡單易懂的方式解釋生活中常見的經濟學知識，試圖引起年輕讀者的興趣。我也希望這個企圖能成功呈現在本書之中。

一開始，我只是從經濟學的基本概念出發，探討現實生活中的經濟問題。隨後突發奇想，何不專為年輕讀者寫一本書，讓他們理解經濟學其實是個充滿趣味，並且引人入勝的話題呢？

事實上，我發現不只是年輕人，許多各行各業的從業人員對經濟學知識經常一知半解。而這也成了我撰寫本書的契機之一，更是我重新溫習經濟學的好機會。

另一方面，商場上充滿了爾虞我詐的陷阱，透過這本書，我同時也希望大家能夠看穿生意人的伎倆，不致上當受騙。隱藏在字裡行間最重要的訊息即是：千萬別被人賣了還幫忙算錢。

本書預設的讀者群有3類：一是涉世未深的年輕人；二是為人師長，可做為講授經濟學知識的參考書籍；最後是一般讀者，不為別人，只為充實自己，這也是我所樂見的。

如果本書引起你對經濟學的興趣，以下書籍值得一看：

- 華特・艾薩克森（Walter Isaacson）著，《賈伯斯傳》（*Steve Jobs*），天下文化出版。

- 歐魯克（P. J. O'Rourke）著，《吃掉有錢人》（*Eat the Rich*），

時報出版。

還有一本適合青少年閱讀的書：

- 尼古勞斯・皮珀（Nikolaus Piper）著，《錢生錢的故事》（*Felix und das liebe Geld*）。

此外，網路上也能找到不少經濟相關的好文章，如德國銀行協會（www.bankenverband.de）和德國聯邦銀行（www.bundesbank.de）的網站。

《法蘭克福匯報週日報》所刊載的〈理解這個世界〉（Erklär mir die Welt）專欄也以淺顯易懂的方式，設法引起大眾對於經濟議題的關注。

長期以來，我一直希望能寫一本我的孩子們也能看懂的書。承蒙《法蘭克福匯報》出版中心 Danja Hetjens 的提議，這個計畫得以成真。在此，非常感謝編輯的信賴與支持。

寫作期間，我的 6 名子女不僅每天陪伴我邀遊於經濟世界，也不時提供心得及建議，豐富了本書的內容。

寫一本年輕人想看的書並不容易。因此，當我的兒子賈斯珀（Jasper）讀完前言，表示有趣並想繼續往下讀時，我心中的喜悅真是難以形容。而我那聰慧的妻子深知，我疲憊時所寫出來的文章可能會深奧難懂，本書的初稿經由她的簡化及潤飾後，方具雛形。經濟學家漢諾・貝克（Hanno Beck）博士則協助審閱內容，確保論述正確無誤。

好友馬丁・戴姆斯（Martin Dahms）是我 20 多年來討論經濟議題的最佳夥伴。《法蘭克福匯報週日報》經濟版則是一個充滿挑戰的工作單位。以上諸位對本書的完成，皆有極大的幫助。

文安德・馮・彼特爾斯多夫

法蘭克福，12月

名詞解釋

股票（stock）：股票是一種文件，持有者即擁有上市公司的部分所有權。今日股票皆已電子化，紙本股票已成為歷史。部分股票可於證券交易所買進或賣出。

供給（supply）：所有可供交易的商品。

職業（job）：以經濟目的為取向的活動，嗜好（hobby）的反義詞。

失業（unemployment）：有工作意願，但找不到工作的人。

失業率（unemployment rate）：失業人口占勞動人口數的比率，顯示就業市場狀況的重要數據。在德國，由聯邦就業服務局負責登記失業人口，以15到65歲之間、有能力且有意願工作的人為主。勞動人口則是指軍人以外，各行各業的從業人員：勞工、職員、各級公職人員、兼職人員、自由業者及登記失業者。

資產負債表（balance sheet）：會計年度結束時，所有公司都必須將負債額（即借款金額）及擁有資產總額，清楚記錄下來。資產負債表分成兩大區塊，報表左邊是公司財產總額，也就是資產（asset），列出登記在公司名下的所有資產，如設備、土地、建物、工廠、汽車、產品、零件、銀行存款及現金等。報表右邊則是負債（liability），列出公司尚欠銀行或是供應商的款項，以及股東權益（owner's equity）。至於股東權益金額，則是資產總額減去負債總額。股東權益來源為公司會計年度結算未分配的盈餘，加上股東所投入的資本。

證券交易所（stock exchange）：股票等有價證券及外幣交易平

是誰決定我們的薪水？為什麼不可能人人均富？　生活就是一門經濟學

台。德國最大的證交所在法蘭克福，每天都有大量股票在此進行交易。

國內生產毛額（gross domestic product，簡稱GDP）：指特定時間內，一個區域的經濟活動中所產出的物品或服務的市場價格總額。

服務（service）：需支付費用的無形交易，如清潔、修理、諮詢等。

股息（dividend，或稱股利）：公司拿出部分盈餘，依持股數分配給各股東的金額。

歐洲中央銀行（European Central Bank，簡稱ECB）：歐元區的中央銀行。總部位於德國法蘭克福，主要任務為確保足夠的歐元貨幣於市場上流通，以保持良好的經濟發展，並透過貨幣政策維持物價穩定。

出口（export）：指所有離開生產國的商品、服務或是資金。

利潤（profit）：銷售產品所得減去產品生產成本的正數餘額。

哈茨4號（Hartz IV）：德國失業一年以上的長期失業者所領取的社會救助金，該方案因提出者彼得・哈茨（Peter Hartz）而得名。

進口（import）：指任何自國外輸入的商品、服務或是資金。

通貨膨脹（inflation）：指整體物價水準持續上升，貨幣購買力下降的現象。通貨膨脹通常以年百分率來計算。

無償付能力（insolvency）：公司或個人無力償付帳單，俗稱破產。若公司無力償債，則必須指派清算人清算公司財務，列出所有債務，並出售公司部分資產換取現金，以

償還債權人。清算人也可能繼續管理公司，並設法籌募資金。

景氣（economic situation）：即國家整體經濟發展狀況，由各項經濟指標綜合判斷而得，其中最重要的判斷依據是國內生產毛額。經濟發展會有波動且具有規律性，專家稱之為景氣循環。景氣循環還可粗略分成繁榮、衰退、蕭條、復甦等4個階段。

成本（cost）：製造與銷售產品所需要的費用。成本不僅包括工資、原料及土地或廠房租金等支出，也必須將機械耗損等費用納入計算。

貸款（credit）：借來的錢，過一段時間必須連本帶利償還。

薪資（wage）：工作所獲得的報酬。

市場（market）：一個抽象場所，買家與賣家可在此進行交易，例如市集、商店及拍賣網站。

壟斷（monopoly）：市場為單一企業所控制，無競爭對手，因此能任意調動貨品或服務產品的價格。

需求（demand）：指具有購買欲望及支付能力。

價格（price）：以金額表示的商品價值。

生產力（productivity）：為投入與產出之間的比例關係。若投入很多，但產出很少，代表生產力低下。

退休金（pension）：給退休者的津貼。德國退休金的來源為退休保險，由勞資負擔各半保險費率，再加上聯邦政府的補貼。

衰退（recession）：國內生產毛額若連續兩季負成長，便代表

經濟進入衰退。

節省（saving）：減少開支。

稅賦（tax）：政府訂定強制徵收的金額，且無須提供具體的對價報償。

集體談判協議（collective agreement）：勞資雙方簽訂的書面協議。通常由工會代表及資方代表，就工資、工時、特休假天數或各產業特殊的工作條件進行協商。

營業額（revenue）：販售商品或提供服務所得。

經濟成長（economic growth）：國內生產毛額增加。

利息（interest）：借出資金的報酬。

向下扎根！
德國教育的公民思辨課5──

是誰決定我們的薪水？
為什麼不可能
人人均富？
生活就是一門經濟學

原書名：《經濟學關我什麼事！
但月領22K很有事》

Das Geld reicht nie by Winand von Petersdorff
© Frankfurter Societäts-Medien GmbH
Frankfurter Allgemeine Buch, 2013
through Jia-xi Books Co. Ltd., Taipei.
All right reserved.

向下扎根！德國教育的公民思辨課. 5,
是誰決定我們的薪水？為什麼不可能
人人均富？質疑所謂理所當然的事／
克文安德.馮.彼特爾斯多夫（Winand von
Petersdorff）著；劉于怡譯
.－二版.－台北市：麥田出版：
家庭傳媒城邦分公司發行，2018.10
譯自：Das Geld reicht nie
ISBN 978-986-344-593-7（平裝）
1.經濟學 2.通俗作品
550   107015000

封面設計　廖韡
印　　刷　漾格科技股份有限公司
初版一刷　2015年3月
二版一刷　2018年10月
二版十刷　2021年9月
定　　價　新台幣299元
I S B N　978-986-344-593-7
Printed in Taiwan
著作權所有・翻印必究

作　　者　文安德・馮・彼特爾斯多夫（Winand von Petersdorff）
譯　　者　劉于怡
責任編輯　蔡錦豐（初版）／林如峰　賴逸娟（二版）
國際版權　吳玲緯　蔡傳宜
行　　銷　艾青荷　蘇莞婷
業　　務　李再星　陳玫潾　陳美燕　馮逸華
主　　編　林怡君
編輯總監　劉麗真
總 經 理　陳逸瑛
發 行 人　涂玉雲

出　　版

麥田出版
台北市中山區104民生東路二段141號5樓
電話：(02) 2-2500-7696　傳真：(02) 2500-1966
網站：http://www.ryefield.com.tw

發　　行

英屬蓋曼群島商家庭傳媒股份有限公司城邦分公司
地址：10483台北市民生東路二段141號11樓
網址：http://www.cite.com.tw
客服專線：(02)2500-7718; 2500-7719
24小時傳真專線：(02)2500-1990; 2500-1991
服務時間：週一至週五 09:30-12:00; 13:30-17:00
劃撥帳號：19863813　戶名：書蟲股份有限公司
讀者服務信箱：service@readingclub.com.tw

香港發行所

城邦（香港）出版集團有限公司
地址：香港灣仔駱克道193號東超商業中心1樓
電話：+852-2508-6231　傳真：+852-2578-9337
電郵：hkcite@biznetvigator.com

馬新發行所

城邦（馬新）出版集團【Cite(M) Sdn. Bhd. (458372U)】
地址：41, Jalan Radin Anum, Bandar Baru Sri Petaling,
57000 Kuala Lumpur, Malaysia.
電話：+603-9057-8822　傳真：+603-9057-6622
電郵：cite@cite.com.my